普华文化
PUHUA BOOKS

我们一起解决问题

股权投资、转让与激励税务处理

魏春田　著

人民邮电出版社
北　京

图书在版编目（CIP）数据

股权投资、转让与激励税务处理 / 魏春田著. -- 北京 : 人民邮电出版社, 2023.12
ISBN 978-7-115-63126-8

Ⅰ. ①股… Ⅱ. ①魏… Ⅲ. ①企业管理－股权管理－研究 Ⅳ. ①F272

中国国家版本馆CIP数据核字(2023)第216961号

内容提要

本书内容聚焦企业股权架构搭建与股权涉税业务，全面讲解了企业股权架构搭建过程中涉及的管理风险、法律风险与税收风险，以及股权投资、股权转让、股权激励、企业重组中涉及的增值税、企业所得税、个人所得税、印花税等税种的征收规定与优惠政策。全书结合股权基础知识、税收政策法规、纳税实务与案例分析，为企业提供了切实可行的股权优化方案，既有助于企业搭建合理的股权架构，又能帮助企业在防范股权涉税风险的同时，为增资扩股、实施股权激励创造有利的条件。

全书内容翔实，案例典型，既适合企业管理人员、财务人员及对股权投资感兴趣的人士阅读，也可作为财税培训机构相关课程的指导用书。

◆ 著　魏春田
责任编辑　付微微
责任印制　彭志环
◆人民邮电出版社出版发行　北京市丰台区成寿寺路 11 号
邮编 100164　电子邮件 315@ptpress.com.cn
网址 https://www.ptpress.com.cn
北京鑫丰华彩印有限公司印刷
◆开本：880×1230　1/32
印张：7.75　2023 年 12 月第 1 版
字数：120 千字　2023 年 12 月北京第 1 次印刷

定　价：69.00 元

读者服务热线：（010）81055656　印装质量热线：（010）81055316
反盗版热线：（010）81055315
广告经营许可证：京东市监广登字20170147号

前言

在市场经济中，作为市场主体的企业，随着市场这只“看不见的手”起起伏伏。那些把握了市场规律、掌握了市场先机的企业，站在了风口上，借助风力扶摇直上，通过不断兼并重组，从小到大，从弱到强，成为市场竞争中的强者。而那些不了解市场，把握不了未来的企业，则会被市场经济的汪洋大海所吞噬淹没。

无论是兴也好，败也罢，股权作为一个企业的核心要素，其搭建的合理与否，关系着企业的兴衰。故而，企业草创之初就要考虑搭建一个合理的股权架构。合理的股权架构既有利于企业防范管理风险、法律风险和税收风险，同时也可为以后的增资扩股、股权激励提供条件。相反，一个不合理的股权架构，常常会因为利益问题引发股东的“内卷”，从而影响企业的正常经营，其所带来的税收风险和法律风险，都是股东和企业所无法承受的。

企业在发展过程中，大多会涉及重组，无论是作为重组的一方还是被重组的一方，都是以股权转让为核心的。企业重组不仅涉及增值税，还涉及企业所得税，若有不动产，还会涉及土地增值税等，这些税收问题若处理不当，很可能会导致企业重组失败。实务中，因税收问题导致企业重组失败的案例屡见不鲜。

当然，股权不仅涉及企业，也涉及自然人。自然人持股有不同的目的，有的是为企业的长远发展而长期持股；有的是作为一种投资，持股的目的是变现。股东将所持股权变现必然会涉及股权转让问题，而在股权转让的过程中，合规纳税是重要工作之一，稍有不慎，就可能会给股权交易双方带来巨大的税收风险。我们在报刊、电视及网络媒体上经常能看到纳税人因违反税收政策法规而受到处罚的案例，有的纳税人受到的是行政处罚，被税务机关加收滞纳金并罚款；有的纳税人则是因触犯刑法而被司法机关追究刑事责任，遭受了牢狱之灾。

因此，无论是企业还是个人，在股权交易过程中对税收可能带来的风险，都要高度重视，不可等闲视之。

作为一个长期从事税收工作的税务人，我对股权交易涉及的税收问题与风险一直抱有浓厚的兴趣，并进行了深入的研究。关于股权交易与税收风险，我撰写了若干篇文章并发表在自办的公众号“魏言税语”及相关媒体上，引起了业内人士的广泛关注与讨论。但碎片化的文章难以自成体系，读起来也有颇多不便，故编纂成书，以飨读者。

我希望本书的内容对那些正在被股权交易所困扰的企业和个人有所帮助，如此所有的付出就没有白费。在本书写作过程中，魏迎春、张语、周媚等同志提供了很大的支持和帮助，在此一并表示感谢！

由于自身水平有限，即使付出了十二分努力，错漏之处亦在所难免，恳请读者批评指正，若能提出合理化建议，则不胜感激。

目　录

第一章　股权架构搭建与税

第二章　股权投资与税

第四章　股权激励与税

第五章　企业重组的税务处理

第一章

股权架构搭建与税

在现代企业制度的建立过程中，企业股权架构搭建的合理与否，关系着企业的兴衰。俗话说："家有百口，主事一人！"家是如此，企业也是一样，不管有多少股东，都必须有一个拍板说了算的人。企业要解决"九龙治水"的问题，就要依靠股权，通过搭建合理的股权架构来解决内部管理问题。

一、股权架构的选择

什么样的股权架构才算是合理的？合理的股权架构，至少要达到防范企业管理风险、法律风险、税收风险的目的。

由于经营目标不同，企业的股权架构设置自然也不同。例如，有的企业从经营的角度出发，努力扩大产品的市场，争取多卖一些产品，这样的企业在搭建股权架构时，就要多考虑搭建以经营为导向的股权架构，以利于企业经营。再如，有的企业从资本运作的角度出发，致力于债券的发行、股票的发行、企业的重组、资产的置换等，这类企业适合搭建以资本为导向的股权架构。

一般情况下，企业在选择所要搭建的股权架构时，应考虑以下几方面的因素。

1. 企业现存的股权架构

现存股权架构是调整的基础。企业在运营过程中发现现存的股权架构不符合实际的，可根据企业的发展方向做出适当的调整。

2. 企业未来的经营目标

企业未来的经营目标对企业股权架构搭建的影响至关重要。企业是打算变现离场、维持现状还是持续扩大经营，都是决定企业股权架构搭建的重要因素。

3. 企业的税收负担与风险

企业在搭建股权架构时，要考虑投资、经营、重组、撤资等各环节的税收负担是否最轻，以及可能出现的税收风险及应对措施。

4. 企业的法律风险

每一种持股架构都存在相应的法律风险。合伙企业承担无限责任，有限公司承担有限责任。

企业股权架构按主体的不同，可分为自然人股权架构、控股公司股权架构、有限合伙企业股权架构、混合型股权架构、契约型股权架构五种股权架构形式，除此之外，还有境外股权架构。

企业股权架构从设计的层级上划分，我们可以将其分为单层架构与多层架构。

不同股权架构下的企业会涉及不同的管理风险、法律风险和税收风险，如果只打算经营一家小公司，做一些小生意，仅以能“养家糊口”为目的，不打算有大的发展，在这种情况下，股权架构设计与否则无所谓。如果对企业的未来有不小的期许，那么股权架构的设计就是非常重要的。也许在企业刚设立时股权架构的作用尚不明显，但随着企业的不断发展、规模的不断扩大，股权架构的作用会越来越明显，当初设计的股权架构合理与否，甚至会影响企业的经营成败。历史上，因股权架构设计不合理而导致企业倒闭的例子比比皆是。

当然，企业股权架构设计首先要考虑的是法律上的风险，其次才是税收方面的选择。

二、自然人股权架构

自然人股权架构又可称为单层股权架构。所谓的单层股权架构，实际上就是没有设计，不需要任何一个人动脑筋，在注册办企业时股权架构就已搭建好，即自然人股东直接持有公司的股权。这样的单层股权架构，具有股权清楚、责任清晰等优点，但在投资、交易、撤资等方面存在很大的风险。

（一）法律风险

【案例 1-1】2014 年甲公司注册登记，公司的股东为自然人张某和李某。张某承诺出资 600 万元，在公司成立时出资 300 万元，其余 300 万元十年内出资到位；李某承诺出资 400 万元，在公司成立时出资200万元，其余200万元十年内出资到位。

甲公司成立后，开始了生产经营活动，经营到第七年时出现严重资金困难，总计欠银行贷款1 000万元，甲公司已无力偿还到期债务。虽已资不抵债，但甲公司并未申请破产。

银行在多次催要欠款未果的情况下，将甲公司诉至法院，要求认定甲公司股东张某、李某的认缴出资加速到期，在未足额缴纳出资金额的范围内承担连带责任。

法院经过审理，最终判决张某、李某分别在300万元和200万元的范围内承担欠银行贷款的连带责任。

虽然按《中华人民共和国公司法》(以下简称《公司法》)的规定，对有限责任公司而言，公司股东只以自己的出资额对公司承担责任，但这道防火墙并不是铜墙铁壁，墙上有很多被打开的口子，而每一个口子对股东来说都意味着法律方面的风险。例如，当公司出现股东认缴资金出资不到位、非法经营、恶意注销逃避债务、股东恶意抽逃资金、公司与股东人格混同等情况时，股东所承担的责任就不是以出资额为限了，有的要承担无限责任，有的要承担连带责任，有的甚至要承担刑事责任，被判刑入狱。在《公司法》中，上述情况被称为“公司法人人格否认制度”。

就公司治理而言，单层股权架构因其股权较为分散，所以不利于创始人股东对公司的控制，也不利于公司人才的引进及投资的扩大。

（二）税收征管

单层股权架构下的税收优化，要根据股东收入的类型，以及企业不同的性质做出分析和判断。股东从公司取得的收入，可以分为股息收入和股权转让收入两大部分，也可以分为上市前和上市后。

1. 对未上市公司股东征收的税款

在增值税上，未上市公司的股东无论其获得的是股息、红利所得，还是股权转让所得，均不征收增值税。

在个人所得税上，无论股东分回股息、红利所得，还是转让股权所得，均要按 20% 税率缴纳个人所得税。

2. 对上市公司股东征收的税款

在增值税上，无论上市公司股东获得的是股息、红利所得，还是股权转让所得，均不征收增值税。

在个人所得税上，对取得的股息、红利所得，分以下两种情况进行处理。

一是持有股票。持股期限在 1 个月以内（含 1 个月）的，其股息、红利所得全额计入应纳税所得额，按 20% 税率征收个人所得税；持股期限在 1 个月以上至 1 年（含 1 年）的，暂减按 50% 计入应纳税所得额，按 20% 税率征收个人所得税；持股期限超过 1 年的，免征个人所得税。

二是持有限售股。持股时间自解禁日起计算，在解禁前取得的股息、红利所得暂减按 50% 计入应纳税所得额，按 20% 税率征收个人所得税。

（三）管理风险

由于自然人股权架构过于单一，现有公司承载基本运营功能，股东之间一旦发生矛盾，势必会对公司的经营产生重大影响。

【案例 1-2】某知名连锁餐饮管理有限公司的股权之争。甲和乙分别为该公司的两大股东，各持股 50%。在创业之初，双方尚能齐心协力，但随着企业的不断扩张，双方对企业的控制权展开了你死我活的争夺。最终，乙因挪用资金罪与职务侵占罪被判刑，进了监狱。从表面上看，甲虽然在这场股权之争中取得了胜利，但大股东的股权之争也耗尽了该公司的最后一点元气，公司从此一蹶不振。

（四）资本运作上的风险

在资本运作上，风险主要来自企业重组。企业在重组过程中，只有企业所得税上存在“特殊性税务处理”的税收优惠。换句话说，这种优惠政策只适用于缴纳企业所得税的企业，而对缴纳个人所得税的，无论是合伙企业，还是个体户，或是自然人都不适用。因此，以自然人股东作为并购重组主体的，是不能享受“特殊性税务处理”税收优惠政策的，这种情况下企业的重组将面临较大的税收负担。同时，均由自然人持股，既不利于企业的股权激励，也不利于企业的增资扩股，以及可能的兼并重组。

三、控股公司股权架构

在企业的股权架构中，除了自然人股权架构为单层架构，控股公司股权架构、有限合伙企业股权架构、混合型股权架构、契约型股权架构均为多层架构。多层架构的股权设计至少有三层：第一层是控股，只做投资；第二层用于融资和股权激励等；第三层是实体公司。

相较于自然人股权架构，控股公司股权架构在企业的兼并重组方面有很大的优势。控股公司是一个持股平台，就是为资本运作而设立的，无论是进行兼并，还是重组，只对控股公司的股权比例产生影响，而不会对实体运作的子公司产生影响。

同时，按税法的规定，接受子公司分红可以免税，在重组的过程中，可以适用特殊性税务处理的税收优惠政策，降低企业重组的税收负担，有利于重组的顺利开展。

对于控股公司而言，其是由创始投资人及合作伙伴作为股东设立的，由控股公司控股实体公司，即自然人—控股公司—各实体子公司。

（一）法律风险

控股公司股权架构在创始投资人与实体公司之间嵌入了一个控股公司，能有效地防范“公司法人人格否认制度”对股东带来的法律风险。同时，控股公司作为一种持股平台，可以根据需要适时引进新的投资者，并运用股权激励手段留住企业需要的人才，而又不会对实体公司的经营产生实质性影响。

（二）税收征管

1. 在企业所得税上

按《中华人民共和国企业所得税法》(以下简称《企业所得税法》)的规定，居民企业之间的股息、红利无须缴税，因此，实体业务公司分回控股公司的股息、红利免征企业所得税。同时，实体业务公司在将资本溢价转增注册资本或者股本时，控股公司可免交企业所得税。

2. 在个人所得税上

在个人所得税上，股东获得控股公司的分红要缴纳20%的个人所得税。控股公司转让实体公司的股权要缴纳25%的企业所得税，而个人股东转让控股股东的股权要缴纳20%的个人所得税，总体税负为40%。例如，某公司盈利1亿元，应交企业所得税0.25（1×25%）亿元。该公司将税后0.75亿元利润分给A股东，A股东应纳个人所得税0.15（0.75×20%）亿元。A股东的税负为0.40（0.25+0.15）亿元，税负率为40%。

【案例1-3】某大型集团公司上市，该公司1.9万名员工通过三家公司代持了其8.6亿限售股。三年的限售期结束，限售股解禁，代持公司要抛售代持股票，按《企业所得税法》的规定，代持公司先要按25%的税率就其减持收益缴纳企业所得税；在将收益分配给被代持的公司员工时，还要按《中华人民共和国个人所得税法》（以下简称《个人所得税法》）的规定，代扣代缴20%的个人所得税，总体税负为 40%。

为了解决税负过重的问题，代持公司进行了税收迁移，将注册地由深圳迁移至新疆的霍尔果斯，享受了当地的一些区域性的税收优惠政策。

（三）税收优化

在控股公司股权架构下，各子公司应当条分缕析地各自开展业务，并进行归类，用以匹配各项税收优惠政策，不限于企业所得税，也包括增值税、消费税等税种。同时，各子公司应根据相关业务合理地进行筹划，调整业务内容，以满足税收优惠政策所需要的条件，享受税收优惠政策。

例如，企业生产并销售汽车，如果汽车生产出来后直接卖掉，那么需要缴纳不同税率的消费税，以及 13% 的增值税和 25% 的企业所得税。如果将业务拆分，分别成立设计公司、研发公司、技术服务公司、生产公司、销售公司等不同业务范围的公司，则可以降低企业消费税；在增值税上，高新技术企业相关业务可享受6%的低税率、软件销售超税负返还、技术服务免征增值税等税收优惠政策；在企业所得税上，高新技术企业可享受15%的企业所得税税率、研发费用加计扣除等税收优惠政策。

四、有限合伙企业股权架构

从目前我国的市场主体来看，根据组成形式，企业主要分为四大类：个体工商户、个人独资企业、合伙企业、公司（包括个人独资公司、有限责任公司和股份有限责任公司）。其中，根据《中华人民共和国合伙企业法》（以下简称《合伙企业法》）的规定，合伙企业又可分为普通合伙企业与有限合伙企业两大类。

在企业股权的多层架构中，由于合伙企业在税收上实行“先分后税”，缴纳的是个人所得税，因此有效规避了企业的双重征税问题。同时，按《合伙企业法》的规定，有限合伙企业需由普通合伙人负责管理企业，这种情形下，普通合伙人便可以较少的资金完成对企业的控制。因此，自有限合伙制度确立后，以有限合伙企业作为股权架构中的核心环节，是投资者的理想选择，其被广泛应用到VC（风险投资）、PE（私募股权投资）等投资公司中。

有限合伙企业股权架构的基本逻辑是，由有限合伙人与普通合伙人共同投资成立有限合伙企业，再由合伙企业持股核心公司的股权。在这里，普通合伙人可以是自然人，也可以是公司。

但一般情况下，创始人股东会设立个人独资公司，由该公司作为普通合伙人与其他作为有限合伙人的投资者或者公司的高管，共同设立有限合伙企业，再由有限合伙企业控制核心公司。

（一）法律风险

对于创始人股东来说，虽然个人独资公司作为普通合伙人对合伙企业承担无限责任，但创始人股东只对个人独资公司承担有限责任，从而规避了合伙企业及核心公司可能出现的法律风险。

对于其他高管和投资人来说，由于其仅是有限合伙人，因此只以自己的出资额对合伙企业承担有限责任，其风险也在可控制的范围内。例如，李某成立个人独资公司甲公司，甲公司投资成立A合伙企业，成为合伙企业的普通合伙人，负责合伙企业的运营，并对合伙企业承担无限责任。A合伙企业控股乙实体公司，同时乙实体公司的高管也投资A合伙企业，成为A合伙企业的有限合伙人。

如此，李某通过甲公司控制A合伙企业，以对甲公司的出资额对甲公司承担有限责任；再通过作为普通合伙人的甲公司控制A合伙企业，并通过合伙企业控制乙实体公司。

（二）管理风险

首先，有限合伙企业股权架构可以保证创始股东对企业的绝对控制权，同时又能很好地处理钱和权的关系。有限合伙企业由普通合伙人与有限合伙人组成。普通合伙人负责企业的管理与经营，并对企业的债务承担无限连带责任。换句话说，普通合伙人有权，同时也要承担与权利相对等的责任；有限合伙人没有权，仅以自己的出资额对企业的债务承担责任，同时享有投资的收益，即有限合伙人分钱但没有权，其所承担的责任也是有限的。

其次，创始人股东既可以个人独资公司作为普通合伙人，控制合伙企业，也可以投资作为有限合伙人从合伙企业的发展中受益。

最后，合伙企业可以作为持股平台，用来吸引扩大投资，以及对企业的高管实施股权激励。

（三）税收征管

首先，个人独资公司与核心公司按《企业所得税法》的规定缴纳企业所得税；合伙企业中的自然人缴纳个人所得税，公司缴纳企业所得税。

其次，合伙企业中的自然人普通合伙人，按照《个人所得税法》及其实施条例的规定，按“个体工商户的生产经营所得”应税项目，适用5%~35%的超额累进税率，计算缴纳个人所得税。

再次，自然人有限合伙人，其从有限合伙企业取得的股权投资收益，按照《个人所得税法》及其实施条例的规定，按照“利息、股息、红利所得”应税项目，依20%税率计算缴纳个人所得税。

最后，根据《财政部 税务总局关于权益性投资经营所得个人所得税征收管理的公告》（财政部 税务总局公告2021年第41号）的规定，自2022年1月1日起，持有股权、股票、合伙企业财产份额等权益性投资的个人独资企业、合伙企业，一律适用查账征收方式计征个人所得税。

五、混合型股权架构

顾名思义，混合型股权架构就是既有自然人持股，也有公司持股，同时还有合伙企业持股的股权架构模式。由自然人股东、有限合伙企业股东、有限公司股东交叉持股从而实现对核心公司的控制，这种将不同的持股形态整合在一起，便是股权的混合架构。

之所以组成混合型股权架构，原因在于股东持股的目的不同。有些股东包括创始人股东，他们看好公司的发展前景，打算长期持股，这种情形下公司类型的股权架构对他们来讲是最合适的；有些股东投资入股的目的很简单，只是为了下一步转让股权，以取得股权转让收益，这种情形下合伙企业的股权架构对他们来说最为适合。实务中，有些股东为了获得更大的收益，还会选择搭建境外股权架构。

（一）法律风险

混合型股权架构可以根据创始人股东的需要为其提供不同的选择，而不同选择的法律后果也不同。具体来说，在混合型股权架构中，自然人持股、合伙企业持股和公司持股，其法律上的风险与自然人股权架构、有限合伙企业股权架构没多大区别。

（二）管理风险

混合型股权架构可以满足股东的不同需求，但同时要保证创始人股东对核心公司的控制权。公司持股便于未来分红，且转增股本免税，便于担保及调整股权架构。企业高管和家庭成员，可以作为有限合伙企业的有限合伙人，创始人股东作为有限合伙企业的普通合伙人，拥有对核心公司的控制权。

（三）税收征管

在混合型股权架构下，个人股权转让收入要缴纳 20% 的个人所得税；合伙企业持股取得分红，普通合伙人按经营所得缴纳个人所得税，有限合伙人按 20% 税率缴纳个人所得税；公司持股取得分红不交税。

【案例 1-4】公牛集团是一家上市公司，该公司成立于 1995 年，以生产接线板为主，经过几十年的发展，已经成为中国制造业 500 强企业。经过持续不断的股权调整，至 2020 年上市前，公牛集团搭建了一个混合型股权架构。

阮立平、阮学平两兄弟作为公牛集团的实际控制人与自然人股东，直接持有公牛集团约 32% 的股权，需要按 20% 的税率缴纳个人所得税；通过共同出资设立的良机公司，间接持有公牛集团约 53% 的股权，良机公司从公牛集团获得的分红，不用缴纳 25% 的企业所得税。

阮氏兄弟还与亲戚、阮家下一代、公司高管

成立了合伙企业，并作为合伙企业的普通合伙人。通过搭建这种股权架构，由合伙企业投资公牛集团，持有公牛集团一定比例的法人股份，在牢牢掌握公牛集团控制权的同时，让大家共同从公牛集团的发展中获利。

六、契约型股权架构

顾名思义，契约型股权架构就是以契约为核心的股权架构，是指投资人通过资产管理计划、信托计划、契约型私募基金等契约型组织间接持有实体公司的股权。

（一）契约型股权架构的利弊

无论是资管计划、私募基金还是信托计划，都是投资人把钱交给机构投资者，由机构投资者代表自己理财或投资实体公司。由于契约型股权架构没有实体公司，因此不用办理营业执照，投资人与被委托人之间，通过合同来明确双方的权利和义务。

契约型股权架构在企业管理上有其天然的优势。例如，在企业的股票价位较低时，可推出员工持股计划，由员工自己出钱购买企业的股票，这样既有利于留住企业的人才，又有利于调动员工的工作积极性。但凡事有一利必有一弊，如果企业的股票持续下跌，那么会给员工带来一定的损失。

（二）税收征管

在税收征管上，契约型股权架构也有自己的独特之处。我们以私募基金为例。私募基金一般采取三种模式：公司制、合伙制及契约型。其中，契约型私募基金是最为特殊的一种私募基金形式。它是通过投资者、托管人、基金管理人三方订立的协议而形成的基金。契约型私募基金下，基金只是一种财产，其本身不可能成为纳税义务人。

由于契约型私募基金属于资管产品的一种，按税法的规定，须由资产管理人作为纳税义务人。

1. 对基金管理人收取的管理费

基金管理人受投资者委托或信托对受托资产提供管理服务所收取的管理费，按直接收费金融服务纳税，一般纳税人按 6%、小规模纳税人按 3% 的税率缴纳增值税。

2. 对基金管理人取得的分红或业绩报酬

毫无疑问，对基金管理人取得的分红或业绩报酬，所得税是必须缴纳的，至于增值税，要根据这部分收益的性质确定。若收益被界定为投资收益，则不缴纳增值税；若收益被界定为管理服务费，则要缴纳增值税。

3. 管理人运营基金过程中的税收问题

基金运营过程中涉及的增值税应税收入主要有表 1-1 所示的几项。

表 1-1　基金运营过程中涉及的增值税应税收入

应税收入	归类	涉及的项目
利息收入	按照贷款服务缴纳增值税	（1）占用、拆借资金取得的收入
		（2）以货币资金投资收取的固定收益或明确承诺为保本的收益
		（3）金融商品持有期间（含到期）的利息（保本收益、报酬、资金占用费、补偿金等）
转让金融商品收入	按照金融产品转让缴纳增值税	（1）金融商品转让，指转让外汇、有价证券、非货物期货和其他金融商品所有权的业务活动
		（2）其他金融商品转让，包括基金、信托、理财产品等各类资产管理产品和各种金融衍生品的转让
免征增值税的收入		（1）金融商品持有期间（含到期）取得的非保本的投资收益
		（2）银行存款利息
		（3）国债、地方政府债利息收入
		（4）购入非保本型基金、信托、理财产品等各类资产管理产品持有至到期的收入

第二章

股权投资与税

无论是对个人，还是对企业，股权投资都是常用的一种重要的投资形式。对于投资者而言，用股权进行投资，不需要占用大量的现金，同时又能达到影响被投资企业的决策，从中获取各种利益，或控制被投资企业，实施兼并的目的。但就税收而言，没有一个单独的股权投资概念，国家也没有对股权投资出台专门的税收规定。在实际业务中，股权投资被归入非货币性资产投资的范畴。

一、股权投资的主体

非货币性资产是指除现金、银行存款等货币性资产以外的资产，包括股权、不动产、技术发明成果及其他形式的非货币性资产。非货币性资产投资包括以非货币性资产出资设立新的企业，以及以非货币性资产出资参与企业增资扩股、定向增发股票、股权置换、重组改制等投资行为。

在税收上，股权投资虽然与货物、不动产、技术发明成果、无形资产等投资一并归属于非货币性资产投资，很多规定都相同，但也存在一些差异。

股权投资因投资主体的不同被分为个人股权投资与企业股权投资。之所以做这样的划分，是因为个人股权投资缴纳的是个人所得税，而企业股权投资缴纳的是企业所得税。当然，这里的企业仅指法人企业，而不包括非法人企业的个人独资企业与合伙企业。同时，国家为鼓励技术创新，针对技术创新项目出台了很多税收优惠政策，这一点在非货币性资产投资中也得到了体现，无论个人还是企业，以技术投资入股均可以享受一定的税收优惠。

投资不是一种交易行为，一般情况下不应该征税，但非货币性资产投资导致物权发生了变动，其存在一个隐形的交易行为，即个人或企业将财产的所有权转让给了被投资企业，这实质上是一个交易的过程。正因为是交易，并且取得了收益，于是也就有了征税的基础，这与增值税及企业所得税上的视同销售有相似之处。

二、个人股权投资

个人股权投资是一种非常普遍的经济现象，其通过被投资企业分红派息和买卖股份差价等方式获取收益。个人股权投资涉及的主要税种是个人所得税。

（一）个人股权投资的概念

顾名思义，个人股权投资就是个人将自己持有的其他企业的股权作价投入被投资企业，从而取得被投资企业股权的一种投资行为。其中：

（1）个人仅指自然人，不包括个体工商户、个人独资企业与合伙企业，即便个体工商户、个人独资企业与合伙企业缴纳的也是个人所得税；

（2）股权不仅包括非上市公司的股权，也包括上市公司的股票；

（3）股权投资包括以股权出资设立新的企业，以及以股权出资参与企业增资扩股、定向增发股票、股权置换、重组改制等投资行为。

（二）个人股权投资的流程及税目

《财政部 国家税务总局关于个人非货币性资产投资有关个人所得税政策的通知》（财税〔2015〕41号，以下简称财税41号文件）第一条规定："个人以非货币性资产投资，属于个人转让非货币性资产和投资同时发生。对个人转让非货币性资产的所得，应按照‘财产转让所得’项目，依法计算缴纳个人所得税。”个人股权投资的流程及税目如下。

1. 个人股权投资的流程

按照财税 41 号文件的规定，个人以股权投资属于个人转让股权和投资同时发生。该文件虽然规定了转让股权和投资同时发生，但实际上还是有先后顺序的。其顺序如下：

第 1 步，转让股权，取得股权转让收益；

第 2 步，将股权转让取得的收益投入被投资企业，获得被投资企业的股权。

2. 个人股权投资的税目

如上所述，个人股权投资的第 1 步是转让股权，按照《个人所得税法》及其实施条例的规定，股权转让归属于财产转让一类，因此，对个人转让股权所得应按照“财产转让所得”税目，依法计算缴纳个人所得税，税率为20%。这与财税41号文件的规定相同。

（三）应纳税额的计算

财税41号文件第二条规定：“个人以非货币性资产投资，应按评估后的公允价值确认非货币性资产转让收入。非货币性资产转让收入减除该资产原值及合理税费后的余额为应纳税所得额。个人以非货币性资产投资，应于非货币性资产转让、取得被投资企业股权时，确认非货币性资产转让收入的实现。”

1. 收入确认的时间

按照财税41号文件的规定，个人股权投资应于股权转让、取得被投资企业股权时确认股权转让收入的实现。

这里需要对股权转让、取得被投资企业股权做出进一步解读。股权转让、取得被投资企业股权是一个问题的两个方面，在股权转让时，应同时取得被投资企业的股权，但问题的关键是如何确定股权转让的完成。对此，财税 41 号文件并没有明确的规定。鉴于其也属于股权转让性质，国家税务总局于 2014 年专门出台了《股权转让所得个人所得税管理办法（试行）》。

该办法第二十条设定了六种股权交易完成，收入应当确认并在规定时间内申报纳税的情况：

“（一）受让方已支付或部分支付股权转让价款的；

（二）股权转让协议已签订生效的；

（三）受让方已经实际履行股东职责或者享受股东权益的；

（四）国家有关部门判决、登记或公告生效的；

（五）本办法第三条第四至第七项行为已完成的；

（六）税务机关认定的其他有证据表明股权已发生转移的情形。”

上述六种股权交易完成，收入确认，也应当适用于个人股权投资中视同股权转让的情况。

2. 应纳税额的计算

股权投资收入减除该股权原值后的余额为应纳税所得额。应纳税额的计算公式如下：

应纳税额 =（股权投资收入 – 股权原值）× 20%

上述公式中的股权投资收入，个人以股权投资的应按评估后的公允价值确认。换句话说，用于投资的股权到底值多少钱，投资方与被投资方说了都不算，必须进行评估，按评估后的价格确认。

股权原值，即以股权出资方式取得的股权，按照税务机关认可或核定的投资入股时股权价格与取得股权直接相关的合理税费之和确认。

（四）纳税时间及地点

实务中，很多人搞不清楚纳税义务发生时间与纳税申报时间的区别，常常会将两者混为一谈，认为纳税义务发生的时间就是纳税申报的时间。事实上，纳税义务发生时间与纳税申报时间是两个各不相同又相互联系，互为因果的概念。

我们以第一大税种增值税为例。增值税的纳税人分为按次申报纳税的纳税人、按月申报纳税的纳税人与按季申报纳税的纳税人。

按次申报纳税的纳税人，应先在纳税义务发生后预缴税款，并于次月 15 日内申报缴纳税款。

按月申报纳税的纳税人，应在纳税义务发生后的次月 15 日内申报缴纳税款。例如，甲公司 1 月 16 日销售一批货物，收到货款并开具了发票。那么，甲公司的纳税义务就发生在 1 月 16 日，但申报缴纳税款的时间却不是在 1 月 16 日，而是次月即 2 月 15 日之前。

按季申报纳税的纳税人，应在纳税义务发生季度终了的次月 15 日内申报缴纳税款。例如，甲公司按季申报纳税，1 月 16 日销售了一批货物，收到货款并开具了发票。那么，甲公司的纳税义务于 1 月 16 日发生，但却并非要在 1 月 16 日申报缴税，按规定应当在本季度终了的次月，即 4 月 15 日前申报缴纳税款。增值税如此，其他税种也一样，纳税义务发生时不缴纳税款，在规定的申报期内申报纳税。

按照上述规定，个人股权投资涉及的个人所得税，应当在纳税义务发生后的次月 15 日内向主管税务机关申报纳税。

（五）政策性税收优惠

与其他非货币性资产投资一样，在投资过程中，由于作为投资者的纳税人并没有实际取得收入，没有现金的流入，因此若让投资者立刻交税，有违于量能课税的原则。更何况股权投资一般情况下数额较大，让投资者一次性交税，投资者或许存在支付压力。如此一来，投资者可能会因违法违规而受到税务机关的处罚，从而影响投资积极性。

基于此，财政部国家税务总局对包含股权投资在内的非货币性资产投资，在个人所得税的缴纳上给予了很大的优惠。即纳税人一次性交税有困难的，可合理确定分期缴纳计划并报主管税务机关备案后，自发生非货币性资产投资行为之日起不超过5个公历年度内（含）分期缴纳个人所得税。换句话说，在5个公历年度内，纳税人可以制订一个分期交税计划，确定每年的交税数额，报主管税务机关备案即可。

【案例2-1】王某用自己持有的股权对甲公司进行投资。股权的原值为100万元（包含取得股权时的合理税费），评估价值为200万元。在此次股权投资中，王某以为自己需要缴纳20［（200–100）×20%］万元的个人所得税，对此犯了难。股权投资只是在税法上被认定为股权转让，而王某现实中并没有取得股权转让收入，其拿不出20万元缴纳税款。

实际上，按照财税41号文件的规定，王某可以在5年的时间内自行确定每年缴纳个人所得税的数额。例如，在第1年申报缴纳1万元、第2年申报缴纳2万元、第3年申报缴纳3万元、第4年申报缴纳4万元、第5年一次性交清剩余的10万元税款。并且，王某需要将这一计划报主管税务机关备案。

这里要注意：如果个人在股权投资交易过程中取得现金补价，现金部分应优先用于交税；现金不足以缴纳的部分，可分期缴纳；个人在分期交税期间转让其持有的上述全部或部分股权，并取得现金收入的，该现金收入应优先用于缴纳尚未交清的税款。

三、企业股权投资

同是股权投资，在所得税上却有不同的规定。由于个人缴纳的是个人所得税，股权投资收入只需要按照财产转让所得单独计税即可；而企业缴纳的是企业所得税，股权投资收入仅是其众多收入中的一项，因此需要与其他收入合并计算缴纳企业所得税。

（一）企业股权投资的概念

企业股权投资是指企业以本企业的股权，或持有的其他企业股权设立新的居民企业，或投资入股被投资的居民企业，以获取对被投资企业的控制权，以及其他权益的投资行为。

这里需要注意的是，企业股权投资的主体一定是企业而不是企业的股东，股东的投资属于个人股权投资，不属于企业股权投资。企业投资的股权可以是企业持有的本企业股权，也可以是企业持有的其他企业的股权。股权投资的目的是设立新的企业，或控制被投资企业，以及获取被投资企业的分红派息等各种经济利益。企业与企业之间的股权交换不属于股权投资的范畴。

【案例 2-2】甲公司持有乙公司的股权，A 公司持有 B 公司的股权。甲公司将持有的乙公司股权投入 A 公司，换取 A 公司持有的 B 公司股权。

从表面上看，这样操作属于股权投资，但实际上是甲公司与 A 公司将各自持有的乙公司与 B 公司的股权进行了置换，其既不是成立新公司，也不是对原公司的投入，因此不属于股权投资行为。

（二）股权转让所得的计算

企业股权投资的流程与个人股权投资的流程一样，都是分两个步骤，即企业先转让股权，再用取得的股权转让收入投资被投资企业，取得被投资企业的股权。

企业以股权对外投资，应对股权进行评估，按评估后的公允价值扣除计税基础后的余额，计算确认股权转让所得。计算公式如下：

股权转让所得 = 股权评估价 – 购入股权的价格

其中，股权转让所得与自然人股权转让所得既有相同之处，也有不同之处。

相同之处在于，自然人的股权转让，需要对股权价格进行评估，按评估后的公允价值作为股权转让的价格，这一点与企业股权转让价格的确认是一样的。

不同之处在于，在股权原值的确认上，个人股权转让的股权原值不仅包括购入股权的价格，还包括取得该股权转让时所支付的相关税费，如评估费、中介费、印花税等。但企业股权转让的原值，只是企业购入股权时的价格，不包括相关的税费。

（三）收入确认的时间

企业股权投资收入的确认时间根据企业情况的不同而有所不同，具体可分为以下两种。

1. 非关联企业的股权投资收入确认时间

根据《财政部 国家税务总局关于非货币性资产投资企业所得税政策问题的通知》（财税〔2014〕116 号，以下简称财税 116 号文件）的规定，企业以股权对外投资，应于投资协议生效并办理股权登记手续时，确认股权转让收入的实现。换句话说，收入确认的时间要同时满足两个条件，即投资协议生效与股权登记手续办理完毕，这两个条件缺一不可。

2. 关联企业之间的股权投资收入确认时间

根据《国家税务总局关于非货币性资产投资企业所得税有关征管问题的公告》（国家税务总局公告 2015 年第 33 号，以下简称 33 号公告）的规定，关联企业之间发生的股权投资行为，投资协议生效后12个月内尚未完成股权变更登记手续的，于投资协议生效时，确认股权转让收入的实现。相较于财税116号文件，33号公告对关联企业由于其利益的相关性，在股权投资时为了推迟纳税义务发生时间，存在投资协议生效后迟迟不做股权变更登记的情况做出了更进一步的规定。

（四）政策性税收优惠

与个人股权投资一样，由于企业股权投资也没有实际的现金流入，因此为了公平，也为了符合量能课税的原则，国家对企业股权投资给予了一定的税收优惠。

1. 税收优惠政策

根据33号公告的规定，查账征收的居民企业以股权对外投资确认的股权转让所得，可在不超过5个纳税年度的期限内，分期均匀计入相应纳税年度的应纳税所得额，按规定计算缴纳企业所得税。

从上述规定可知，企业要享受这项税收优惠政策，必须同时具备以下两个条件。

一是居民企业。只有居民企业才能享受该税收优惠政策，非居民企业不享受该优惠政策。

二是查账征收的居民企业。税务机关在对纳税人的税收征收管理上，主要有查账征收与核定征收两种，该优惠政策只适用于查账征收的居民企业，核定征收的居民企业不享受该优惠政策。

【案例 2-3】甲公司属于查账征收的居民企业，其以自己持有的股权投资乙公司。股权原值为 100 万元，评估价值为 200 万元，甲公司应当确认的股权转让所得为 100（200–100）万元。对于这 100 万元的转让所得，甲公司可在不超过 5 个纳税年度的期限内，分期均匀计入相应年度的应纳税所得额，按规定计算缴纳企业所得税。换句话说，甲公司如果分 5 年缴纳股权转让所得的税款，每年只能计入应纳税所得额 20 万元。当然，甲公司也可以分 4 年缴纳，每年应纳税所得额为 25 万元。总之，不能一年多一年少，每个纳税年度的应纳税所得额必须相等。

2. 税收优惠的中止

企业股权投资享受的税收优惠政策，在一定条件下应当中止。主要涉及以下两种情况：

一是企业在对外投资 5 年内转让股权或投资收回的，应停止执行递延纳税政策，并就递延期内尚未确认的股权转让所得，在转让股权或投资收回当年的企业所得税年度汇算清缴时，一次性计算缴纳企业所得税；

二是企业在对外投资 5 年内注销的，应停止执行递延纳税政策，并就递延期内尚未确认的非货币性资产转让所得，在注销当年的企业所得税年度汇算清缴时，一次性计算缴纳企业所得税。

（五）特殊性税务处理

企业在股权投资时，符合《财政部 国家税务总局关于企业重组业务企业所得税处理若干问题的通知》（财税〔2009〕59号，以下简称财税59号文件）、《财政部 国家税务总局关于促进企业重组有关企业所得税处理问题的通知》（财税〔2014〕109号，以下简称财税109号文件）等文件规定的特殊性税务处理条件的，可以按企业所得税资产重组中股权收购的规定适用特殊性税务处理。

股权收购特殊性税务处理的适用条件为：股权投资涉及的收购股权不低于被收购企业股权的50%，且股权支付金额不低于其交易支付总额的85%。

【案例2-4】甲公司以部分货币资金和股权出资，投资乙公司，占乙公司50%的股权。甲公司的总出资金额为1 000万元。其中，以货币资金支付150万元，以股权支付850万元。

由于甲公司以股权收购的乙公司股权不低于

乙公司全部股权的50%，且股权支付金额达到了其交易支付总额的85%，因此甲乙两公司均可适用特殊性税务处理规定，双方均不确认股权转让收入。

根据财税59号文件、财税109号文件等的规定，特殊性税务处理除满足以上股权条件外，还需要满足以下三个条件：

（1）具备合理的商业目的；

（2）收购后连续12个月内不改变资产原来的实质性经营活动；

（3）企业重组中取得股权支付的原主要股东，在重组后连续12个月内，不得转让所取得的股权。

只有同时满足上述条件，企业在股权投资时才可以适用特殊性税务处理，暂不确认收入。

当然，以股权进行投资的企业在符合特殊性税务处理的条件下，也可以选择不享受特殊性税务处理政策，继续按照企业股权投资分期均匀确认所得的税收政策申报纳税，但一经选择，不得变更。

四、技术投资入股

在“大众创业，万众创新”的当下，创新成了一种潮流，企业和个人通过创新获得技术成果，用技术入股，将技术产品化、市场化是必然趋势。

所谓的技术投资入股，是指纳税人将技术成果所有权让渡给被投资企业、取得该企业股票（权）的行为。对于技术投资入股，国家也出台了相关税收优惠政策。

（一）税收优惠对象与适用条件

技术投资入股的税收优惠对象是个人和实行查账征收的居民企业。相关要求如下。

（1）投资项目：技术成果。用于投资入股的技术成果必须是专利技术（含国防专利）、计算机软件著作权、集成电路布图设计专有权、植物新品种权、生物医药新品种，以及科技部、财政部、国家税务总局确定的其他技术成果。

（2）投资对象：境内居民企业。

（3）支付方式：被投资企业支付的对价全部为股票（权）的。

（二）技术投资入股的个税计算

个人以技术成果投资也是非货币性资产投资的一种，其实质是转让技术成果和以转让所得再进行投资两笔经济业务同时发生，应按“财产转让所得”项目计算缴纳个人所得税。计算公式为：

应纳个人所得税 =（技术成果转让收入 – 技术成果原值 – 合理税费）× 20%

（三）税收优惠的选择

以技术投资入股，对于投资方来说，其可以选择递延纳税政策。即经向主管税务机关备案，投资入股当期可暂不纳税，允许递延至转让股权时，按股权转让收入减去技术成果原值和合理税费后的差额计算缴纳所得税。

对于被投资方来说，允许被投资企业按技术成果投资入股时的评估值入账，并在企业所得税税前摊销扣除。

【案例 2-5】王某将自己持有的一项原值为 10 万元且获得国家专利的技术，评估作价 100 万元投资入股甲公司，取得甲公司 5% 的股权。10 年后，王某转让所持有的甲公司 5% 的股权，转让价为 500 万元。那么，王某应该如何缴纳个人所得税呢？

首先，王某用专利技术投资，因符合《财政部 国家税务总局关于完善股权激励和技术入股有关所得税政策的通知》（财税〔2016〕101 号）的规定，可以选择适用递延纳税优惠政策，在投资时不用缴纳个人所得税。

其次，王某在转让股权时，需要按照股权转让收入减去技术成果原值和合理税费后的差额计算缴纳个人所得税，税率为20%。计算公式为：

应纳个人所得税 =（500–10）× 20%=98（万元）

第三章

股权转让与税

股权转让可以优化企业投资结构，调整企业的经营方向和经营模式，有利于企业的发展。股权转让在实务中也较为常见，可能是企业转让给个人，也可能是个人转让给企业；或者，个人转让给个人、企业转让给企业。

一、股权转让概述

简单来说，股权转让就是股东将自己所持有的公司股权转让给他人或组织的一种交易行为。股东转让股权的理由可能千差万别，但不论理由是什么，股权转让都是一种交易行为。对交易征税是税款征收的逻辑起点，股权交易也不例外，更何况在税收上，股权被定义为非货币性资产的一种。因此，股权交易必然会涉及税收的征缴问题。

（一）股权转让的形式

股权转让涉及多种形式，归纳起来主要有以下几种。

（1）出售股权。这是最简单和最直接的一种股权转让方式，如张某将持有的甲公司股权直接卖给李某。

（2）公司回购股权。按照《公司法》的规定，出现下列情形的，股东可以要求公司回购其股权：

“（一）公司连续五年不向股东分配利润，而公司在该五年连续盈利，并且符合本法规定的分配利润条件的；

（二）公司合并、分立、转让主要财产的；

（三）公司章程规定的营业期限届满或者章程规定的其他解散事由出现，股东会会议通过决议修改章程使公司存续的。”

（3）发行人首次公开发行新股时，被投资企业股东将其持有的股份以公开发行方式一并向投资者发售。根据《首次公开发行股票时公司股东公开发售股份暂行规定》，在首次公开发行股票时，公司的老股东可以公开发售股份。

（4）股权被司法或行政机关强制过户，即股东持有的股权因债务纠纷被法院强制过户到债权人名下，或因违法行为被行政机关拍卖后强制过户等。

（5）以股权对外投资或进行其他非货币性交易。股权是财产的一种，按《公司法》的规定可以用来投资，也可以与资产进行交易。例如，用股权换取专利技术，以及用股权换取存货、固定资产等。

（6）以股权抵偿债务。例如，某人欠别人钱，在无钱偿还的情况下，用持有的股权抵债。

（7）其他股权转让的行为。

（二）股权转让的类型

从不同的角度来看，股权转让可以划分为不同的类型，而不同的类型所涉及的税种是不一样的。

1. 按照股权转让价格的高低划分

按照股权转让价格的高低，股权转让可分为溢价转让、平价转让和低价转让。

（1）溢价转让。所谓溢价转让，是指股权转让的价格高于股权取得时的价格。例如，股权取得的价格为每股 10

元，转让的价格为每股 15 元，这 5 元的差价就是股权转让的溢价。通俗来说，就是“赚钱了”。

（2）平价转让。所谓平价转让，是指股权转让的价格与取得时的价格一致。例如，股权取得时的价格为每股 10 元，转让时仍然是 10 元。通俗来说，就是“打了个平手”。

（3）低价转让。所谓低价转让，是指股权转让的价格要低于取得股权时的价格。例如，股权取得时的价格为每股 10 元，转让时为每股 5 元。通俗来说，就是“赔钱了”。

对于股权转让，若是个人转让，则涉及个人所得税；若是企业转让，则涉及企业所得税；若转让的是上市公司的股票，还涉及增值税、城市维护建设税（以下简称城建税）和印花税。

对于平价转让以及低价转让，若无合理的理由，无论是个人转让，还是企业转让，税务机关都有权依法核定征收。

2. 按照股权转让主体划分

按照股权转让主体的不同，可分为自然人、个人独资企业与合伙企业的股权转让，以及公司的股权转让。

自然人股权转让涉及个人所得税，按财产转让所得征税，税率为 20%；个人独资企业与合伙企业转让股权按经营所得征收个人所得税，税率为 5%~35% 的超额累进税率；公司的股权转让须缴纳企业所得税。

3. 按照股权转让的对象划分

按照股权转让的对象，可分为非上市公司的股权转让与上市公司的股票转让。非上市公司的股权转让不征收增值税，仅征收个人所得税与印花税。上市公司的股票转让，若是个人转让，涉及个人所得税与印花税；若是企业（包括个人独资企业、合伙企业）转让，涉及增值税、企业所得税或个人所得税、城建税、印花税。

4. 按照债务的承担方式划分

按照债务的承担方式不同，可分为承债式股权转让与非承债式股权转让。承债式股权转让是指买卖双方确定一个时间节点，之前的债权、债务由原股东承担，之后的债权、债务由新股东承担；非承债式股权转让是指在股权交易的同时，债权债务也同时转让。

承债式股权转让与非承债式股权转让，由于其目标公司的价值不同，转让的价格也不一样，因此以转让价格作为计税基础的应纳税所得额，无论是个人所得税还是企业所得税均不一样。

【案例 3-1】甲公司 100% 控股 A 公司，现甲公司将 A 公司 51% 的股权出售给乙公司。股权原值为 50 万元。转让协议约定，如果采取承债式股权转让方式，即转让前的债权与债务归原股东承继，转让价格为 100 万元；如果采取非承债式股权转让方式，即将股权及其相应的债务一起转让给乙公司，则转让价格为 70 万元。在不考虑其他因素的情况下，甲公司采取这两种转让方式的应纳企业所得税如下。

（1）采取承债式股权转让方式：

甲公司应纳企业所得税 =（100–50）× 25%

=12.5（万元）

（2）采取非承债式股权转让方式：

甲公司应纳企业所得税 =（70–50）× 25%=5（万元）

二、个人股权转让中的税事

个人股权转让实质上就是股权买卖。在市场经济条件下，个人持有公司的股权，成为公司的股东，享有公司发展带来的红利，在需要的时候可以将手中的股权转让出去，以实现个人利益最大化。这是一种正常的经济行为，可以根据民事法律制度所确立的自愿、公平、诚信的原则，在市场上自由交易。

例如，张某是甲公司的股东，持有甲公司30%的股权，合计10万股。2021年，张某将自己持有的甲公司股权转让给了李某并取得股权转让收入，李某成了甲公司的股东，享有作为甲公司股东应有的表决权、分红权等权益。这就是一个典型的股权转让过程。

就税收而言，既然股权转让是一种交易，必然会涉及税收的问题。按照规定，个人股权转让不属于增值税的征收范围（自然也不属于以增值税作为计税依据的城建税的征收范围），其只涉及个人所得税和印花税两个税种的征收。

（一）个人所得税的征收

不论是增值税还是企业所得税或个人所得税，都是由基本的税收要素构成的。个人所得税的基本税收要素包括纳税主体、适用的税目、计税依据、纳税时间、纳税地点等，每个要素都有不同的内容。

对于个人转让股权而言，其转让股权的人为纳税义务人，税目为财产转让所得，计税依据为股权转让的价格，纳税时间为法定纳税义务发生的时间，纳税地点为被转让股权公司所在地的主管税务机关。

1. 股权转让收入

所谓股权转让收入，是指转让方因股权转让而获得的现金、实物、有价证券和其他形式的经济利益，包括违约金、补偿金及其他名目的款项、资产、权益等。纳税人按照合同约定，在满足约定条件后取得的后续收入，应当作为股权转让收入。

（1）股权转让收入概念的两层含义

从上述股权转让收入的概念来看，其包含了两层含义。

第一，股权转让收入的形式可以是现金、实物、有价证券和其他经济利益，如违约金、补偿金及其他名目的款项、资产、权益等。

其中，对于违约金，需要满足一定的条件才能作为股权转让收入的一部分。股权转让需要用协议或合同明确转让方和受让方的权利与义务，以及违约应当承担的责任。在股权转让的过程中，双方应当按照合同规定的条款，履行各自应当承担的义务。例如，在合同约定的时间内做股权变更登记、支付股权转让价款等，若一方违约，应当承担违约责任。目前看来，绝大多数情况是股权转让双方以支付违约金的方式来承担违约责任。

那么，违约金应该约定多少才算合适呢？目前法律没有明确的规定，由买卖双方相互约定。但在《中华人民共和国民法典》第五百八十五条中，明确了违约金带有对违约方惩罚的特性，目的在于保证守约方不受损失。具体司法实践中，不管是股权转让合同，还是其他类型的合同，违约金的上限一般不高于实际损失的30%。

对股权转让违约所支付的违约金，究竟应不应该征税，主要看支付违约金的是受让方还是转让方。如果是转让方向受让方支付违约金，如转让方反悔，不愿继续履行股权转让合同，导致股权转让交易失败，那么股权转让方支付给受让方的违约金，应不属于个人所得税的征收范围；如果是受让方违约，在交易已经成功的前提下，向转让方支付违约金，那么根据《国家税务总局关于个人股权转让过程中取得违约金收入征收个人所得税问题的批复》（国税函〔2006〕866号），转让方应当将收到的违约金并入股权转让收入，缴纳个人所得税。

需要特别注意的是，违约金所产生的个人所得税应由转让方向税务机关申报缴纳，而不是由受让方代扣代缴。

第二，对于对赌协议中约定条件满足后的收入，也属于股权转让收入的一部分。

所谓对赌协议，简单来说就是投资方为保护自身的利益与被投资方（股东或公司）签订的，要求承诺目标公司在一定的期限内必须取得一定业绩，或达成某种目标，方能取得投资方承诺的投资（包括货币性资产和非货币性资产），若不能兑现承诺则需要承担相应经济责任的协议。对赌协议的内容应包括对赌双方（公司、个人）、目标公司的相关信息，一方对未来目标公司的业绩或所达成目标的承诺，以及对赌成功与失败的责任。

对赌成功的往往会有后续资金的流入，对此也应作为股权转让收入缴纳个人所得税。

（2）股权转让价格

关于股权转让价格，除了国有股股权的转让国家有强制性规定，其他普通股权的转让国家没有明确的规定。换句话说，个人股权转让的价格可以由转让方和受让方双方协商决定。一般来说，股权转让价格可以通过以下几种方法确定。

出资额法：股权转让价格按公司工商注册登记的出资额确定。

评估价法：股权转让价格按照公司资产评估后的价格确定。

协商价法：股权转让价格由买方和卖方相互协商决定。

拍卖价法：股权转让价格由拍卖价格决定。

净资产法：股权转让价格由净资产的价格决定。

（3）股权转让定价风险

股权转让价格可以采取上述五种方法确定，当然最终还是要遵循意思自治原则，由买卖双方协商决定。但是，如果股权转让的价格与股权的实际价值相差甚远，则既会带来法律风险，也会带来税收风险。

从法律风险的角度来看，如果股权转让的价格与其实际价值相差甚远。一旦发生纠纷，就有可能被认定为交易双方恶意串通，损害国家、集体或第三方的利益，导致股权转让无效。

从税收风险的角度来看，股权转让收入明显偏低，且无正当理由的，税务机关可以依据《中华人民共和国税收征收管理法》(以下简称《税收征收管理法》) 的规定予以调整。

市场经济条件下，自愿公平是交易的基本原则之一，而公平主要体现在价格上。例如，市场上 1 斤（1 斤 =0.5 千克）白菜卖 1 元，除去成本，摊主能赚 0.2 元。这种情形下，有的摊位的白菜 1 斤卖 1.1 元，有的卖 0.9 元，这都属于正常的售价。但若某个摊位的白菜 1 斤卖 0.7 元，就不正常了，原因在于没人愿意做赔本的买卖。除非摊主有合理的理由，如白菜的质量不好，剩下的不卖就会烂掉等。

股权交易也是如此，转让股权应当有个合理的价格。也许有人会认为，“股权是我的，我想卖多少钱就卖多少钱，别人管不着。”从民事法律制度上看，这似乎没有什么问题，意思自治是民事法律制度的基本原则，买卖双方只要不违反国家强制性的规定，价格的高低可以由双方协商达成。但税务机关是国家的税收征管部门，担负着维护国家税收安全的责任。买卖双方交易价格的高低直接关系着纳税人收入的高低，而收入是税务机关征税的基础，不合理的低价必将导致国家税款的流失。因此，为了防止纳税人利用交易价格来调节自己的收入，以达到少交税款的目的，法律赋予了税务机关在纳税人股权转让收入明显偏低，且无正当理由时，核定其应纳税所得额的权力。

关于什么情况属于纳税人股权转让收入明显偏低，《国家税务总局关于发布〈股权转让所得个人所得税管理办法（试行）〉的公告》（国家税务总局公告 2014 年第 67 号）予以了明确。符合下列情形之一的，视为股权转让收入明显偏低。

①申报的股权转让收入低于股权对应的净资产份额的。其中，被投资企业拥有土地使用权、房屋、房地产企业未销售房产、知识产权、探矿权、采矿权、股权等资产的，申报的股权转让收入低于股权对应的净资产公允价值

份额的。

净资产简单来说就是所有者权益，即资产减去负债后的余额。它包括实收资本、资本公积、盈余公积和未分配利润等。在企业没有土地、知识产权等权益的情形下，净资产的计算并不复杂，但若有了土地、知识产权等，由于这些权益的价值是变动的，净资产不再是个一成不变的数字，它会随着土地、知识产权等权益价格的变化而变化，因此应当进行评估，以确定净资产的公允价值。

② 申报的股权转让收入低于初始投资成本或低于取得该股权所支付的价款及相关税费的。简单来说就是卖出价低于买入价，是个赔钱的买卖。

③ 申报的股权转让收入低于相同或类似条件下同一企业同一股东或其他股东股权转让收入的。例如，A 企业有很多股东，其中甲股东转让股权的价格是每股 10 元，而乙股东转让股权的价格仅为每股 7 元。

④ 申报的股权转让收入低于相同或类似条件下同类行

业的企业股权转让收入的。例如，甲乙是同一个城市的纺织企业，资产、利润水平相当，甲企业的股东转让甲企业的股权为每股 10 元，乙企业的股东转让乙企业的股权为每股 7 元。

⑤ 不具合理性的无偿让渡股权或股份。简单来说，就是把自己的股权平白无故赠送给了他人。

【案例 3-2】王某为甲公司股东，其将持有的没有实缴出资到位的甲公司 10% 的股权无偿转让给了朋友李某。税务机关在检查中发现，甲公司净资产 50 万元（实收资本为 0 元，未分配利润为 50 万元），故决定对王某的股权转让收入涉及的个人所得税进行核定征收。但王某认为，自己没有实际出资，又是无偿转让，因此不应该缴纳个人所得税。

税务机关的工作人员告诉王某，根据《股权转让所得个人所得税管理办法（试行）》的规定，申报的股权转让收入明显偏低且无正当理由的，主管税务机关可以核定股权转让收入。股权转让收入低于股权对应的净资产份额的，属于股权转让收入明显偏低，因此，税务机关有权对其股权转让收入进行核定，计算转让所得和应征收的个人所得税。

⑥ 主管税务机关认定的其他情形。

（4）股权转让收入明显偏低的正当理由

如前所述，股权转让收入明显偏低，且无正当理由时，税务机关会核定征收个人所得税，但对于股权转让收入明显偏低，有正当理由的，税务机关会予以认可。

关于什么是正当理由，《股权转让所得个人所得税管理办法（试行）》做出了明确规定。符合下列条件之一的股权转让收入明显偏低，视为有正当理由。

① 能出具有效文件，证明被投资企业因国家政策调整，生产经营受到重大影响，导致低价转让股权。例如，

国家对高耗能、高污染企业的关停并转等。

② 继承或将股权转让给其能提供具有法律效力身份关系证明的配偶、父母、子女、祖父母、外祖父母、孙子女、外孙子女、兄弟姐妹以及对转让人承担直接抚养或者赡养义务的抚养人或者赡养人。

* 股权的继承。持股人过世，继承人依法对股权进行继承。

* 股权转让对象。一是直系血亲的父母、子女、祖父母、外祖父母。其中，父母包括继父母与养父母，子女包括继子女和养子女。二是旁系血亲的兄弟姐妹。三是对转让人承担直接抚养或者赡养义务的抚养人或者赡养人。例如，李某自幼父母双亡，由叔叔抚养成人，那么叔叔就是对李某承担直接抚养义务的抚养人；王某无儿无女，由侄女王女士养老送终，那么王女士就是对王某承担直接赡养义务的赡养人。

③ 相关法律、政府文件或企业章程规定，并有相关资料充分证明转让价格合理且真实的本企业员工持有的不能对外转让股权的内部转让。

【案例 3-3】王某是甲公司实际控制人，持有甲公司 80% 的股权。为留住和激励人才，2021 年 3 月，王某决定以每股 15 元的价格，向公司高管李某转让 5 万股股权。甲公司股权的公允价值为 20 元。按照公司规定，公司高管如果离职，应按照离职当年公司净资产价格将股权转让给公司的实际控制人。2023 年 3 月，高管李某离职，其将持有的 5 万股股权，以每股 20 元的价格转让给王某，转让日公司净资产的公允价值为每股 25 元。

上述案例中的股权转让，无论是王某转让给李某，还是李某转让给王某，均不属于转让收入明显偏低的范畴。

④ 股权转让双方能够提供有效证据证明其合理性的其

他合理情形。

（5）股权转让收入明显偏低的核定方法

根据《股权转让所得个人所得税管理办法（试行）》的规定，一旦被税务机关认定为股权转让收入偏低，且无正当理由的，主管税务机关应依次按照下列方法核定股权转让收入，适用的先后次序也不能改变。

第一，净资产核定法。股权转让收入按照每股净资产或股权对应的净资产份额核定。

被投资企业的土地使用权、房屋、房地产企业未销售房产、知识产权、探矿权、采矿权、股权等资产占企业总资产比例超过 20% 的，主管税务机关可参照纳税人提供的具有法定资质的中介机构出具的资产评估报告核定股权转让收入。

六个月内再次发生股权转让且被投资企业净资产未发生重大变化的，主管税务机关可参照上一次股权转让时被投资企业的资产评估报告核定此次股权转让收入。

净资产计算公式为：

股东权益（所有者权益）= 资产总额 – 负债

每股净资产 = 股东权益 ÷ 股份总额（总股数）

股权转让收入 = 每股净资产 × 转让股数

第二，类比法。股权转让收入参照相同或类似条件下，同一企业同一股东或其他股东的股权转让收入核定；或者，参照相同或类似条件下，同类行业企业股权转让收入核定。

第三，其他合理方法。主管税务机关采用以上方法核定股权转让收入存在困难的，可以采取其他合理方法核定。

2. 股权原值的确认

股权都是有成本的，成本怎么计算，直接关系着转让者的收益。个人股东转让股权，其股权原值应分情况进行确认。

（1）无股权原值凭证，不能正确计算股权原值的

个人股东不能提供完整、准确的股权原值凭证，不能正确计算股权原值的，其成本的计算方式比较简单，由税务机关进行核定。

（2）有股权原值凭证，能够正确计算股权原值的

个人股东能够提供完整、准确的股权原值凭证，能够正确计算股权原值的，按股东出资方式的不同确认股权原值。具体有以下几种出资方式。

以现金方式出资的，按照实际支付的价款与取得股权直接相关的合理税费之和确认股权原值。计算公式为：

股权原值 = 现金 + 合理税费

以非货币性资产出资的，取得的股权按照税务机关认可或核定的投资入股时非货币性资产的价格，与取得股权直接相关的合理税费之和确认股权原值。计算公式为：

股权原值 = 非货币性资产的价格 + 合理税费

通过无偿让渡方式取得股权的，按取得股权发生的合理税费与原持有人的股权原值之和确认股权原值。计算公式为：

股权原值 = 原持有人的股权原值 + 合理税费

以资本公积、盈余公积、未分配利润转增股本，个人股东已依法缴纳个人所得税的，以转增额和相关税费之和确认其新转增股本的股权原值。计算公式为：

股权原值 = 转增额 + 合理税费

除以上情形外，由主管税务机关按照避免重复征收个人所得税的原则合理确认股权原值。

对于个人多次取得同一被投资企业股权的，转让部分股权时，采用“加权平均法”确认其股权原值。

（3）被税务机关核定股权转让收入

股权转让人已被主管税务机关核定股权转让收入，并依法征收了个人所得税的，该股权受让人的股权原值，以取得股权时发生的合理税费与股权转让人被主管税务机关核定的股权转让收入之和确认。计算公式为：

股权原值 = 税务机关核定的股权转让收入 + 合理税费

【案例 3-4】王某于两年前购买了李某的股权，虽然签订的股权转让协议中注明了转让价格为 10 万元，但当时税务机关认为股权转让价格明显偏低，且无正当理由，故核定股权转让收入为 12 万元，李某按 12 万元的股权转让收入申报缴纳了个人所得税。王某若将股权再次对外转让，股权的原值就不是实际成交价格的 10 万元加上相关税费了，而是税务机关核定的股权转让收入 12 万元加上所负担的相关税费。

3. 股权转让中的合理与不合理税费

（1）合理税费

在个人股权转让过程中，要计算股权转让所应缴纳的个人所得税，除了明确股权转让的价格、股权原值，还必须明确股权转让中的合理税费。合理税费是指股权转让时按照规定支付的有关税费，如印花税、资产评估费、中介服务费等。

印花税。按《中华人民共和国印花税法》（以下简称《印花税法》）的规定，股权转让按为产权转移书据所列的金额的0.5‰征收印花税。

资产评估费。对股权转让中被转让股权的企业，其土地使用权、房屋、房地产企业未销售房产、知识产权、探矿权、采矿权、股权等占企业总资产20%以上的，企业应当向主管税务机关提供具有法定资质中介机构出具的资产评估报告。资产评估所支付的费用，属于合理的费用。

中介服务费。在股权交易过程中，无论是合同的签订，还是股权登记的变更，都需要律师提供相关的服务，为此需支付一定的律师费，这属于合理的费用。

（2）不合理税费

既然有合理税费，自然也会有不合理税费。不合理税费主要包括以下几种。

天价中介费。无论是评估费还是律师费，都应该按规定的收费标准支付，为少交税款而支付的天价中介费，不属于合理的费用。

代被投资企业还债。被投资企业所欠的债务应当由被投资企业自己偿还，作为投资者的股权受让方，代被投资企业偿还的债务，不属于合理的费用。

支付给不相关第三方的费用。股权交易只涉及买方与卖方。支付给与股权转让没有任何关系的第三方的费用，不属于合理的费用。

买方发生的税费。在购买股权的过程中，买方会发生一些费用，如印花税、中介费等，这些税费不属于股权交易中的合理税费。

对于不合理的税费，不能作为股权转让中的合理税费进行扣除。

4. 应纳税额的计算及扣缴

按照《个人所得税法》的规定，纳税人取得财产转让所得，按月或者按次计算个人所得税，适用 20% 的比例税率。在税法上，股权是财产的一种，因此个人股权转让也就是财产转让，应按财产转让缴纳个人所得税。

（1）应纳税额的计算

股权转让所得应纳税额的计算，以股权转让收入减去股权原值和合理税费后的余额为应纳税所得额，按“财产转让所得”缴纳个人所得税，税率为 20%。计算公式为：

股权转让所得应纳税额 =（股权转让收入 – 股权原值 – 合理税费）× 20%

（2）扣缴方式

个人股权转让所得，以股权转让方为纳税人，以受让方为扣缴义务人，由扣缴义务人按月或者按次代扣代缴税款。扣缴义务人未扣缴税款的，纳税人应当在取得所得的次年6月30日前，按相关规定自行向主管税务机关办理纳税申报。

对于扣缴义务人未履行扣缴义务的行为，《税收征收管理法》第六十九条规定："扣缴义务人应扣未扣、应收而不收税款的，由税务机关向纳税人追缴税款，对扣缴义务人处应扣未扣、应收未收税款百分之五十以上三倍以下的罚款。"

（3）纳税义务发生时间

关于个人股权转让纳税义务发生时间，《股权转让所得个人所得税管理办法（试行）》第二十条做出了明确规定，在股权转让过程中，只要具备下列条件中的任何一个，其纳税义务就已发生。

①受让方已支付或部分支付股权转让价款的。这一规定是指只要股权交易的购买方付了款，不论是付全款还是部分付款，哪怕只付了一分钱，纳税义务即发生。

②股权转让协议已签订生效的。对于股权转让，一般情况下买卖双方需要签订协议，只要双方签字确认，转让协议就生效了，无论买方是否付款，也无论是否做了股权变更登记，纳税义务即发生。

③受让方已经实际履行股东职责或者享受股东权益的。如果股权转让双方没有签订协议，也没有变更股权或付款，但购买方已经在公司履行股东的职责，如投票决定公司的事项或享受股东的利益（如分红、派息等），纳税义务即发生。

④国家有关部门判决、登记或公告生效的。股权转让双方通过仲裁或者诉讼方式解决双方股权转让争议的，于仲裁决定或法院判决生效时纳税义务发生。

⑤股权被司法或行政机关强制过户、以股权对外投资

或进行其他非货币性交易、以股权抵偿债务，以及其他股权转移行为，在行为完成时纳税义务发生。

⑥ 税务机关认定的其他有证据表明股权已发生转移的情形。

（4）纳税地点

不同于企业有主管税务机关（除了异地施工在工程项目所在地税务机关预缴税款外，大多数情况下，企业转让股权要在主管税务机关申报缴纳税款），个人是没有主管税务机关的。个人股权转让，转让方一定是自然人，受让方可能是自然人，也可能是企业。对自然人而言，因为没有主管税务机关，所以《股权转让所得个人所得税管理办法（试行）》将个人股权转让的纳税地点放在了被投资企业所在地。该办法第十九条规定："个人股权转让所得个人所得税以被投资企业所在地税务机关为主管税务机关。"

【案例 3-5】王某是上海人，住在上海市静安区，持有甲公司的股权，甲公司的注册地是西安高新技术产业开发区。2020 年，王某转让自己所持有的甲公司股权给李某，李某是北京人，住在北京市海淀区。两人在上海市签订了股权转让协议。李某支付了股权转让款，也代扣了个人所得税。李某在上海市静安区申报缴纳的税款，后被西安高新技术产业开发区税务局追征税款。

上述案例中，李某既不能在王某居住地上海市静安区税务局申报缴纳税款，也不能在自己的居住地北京市海淀区申报缴纳税款，而是必须到西安高新技术产业开发区税务局申报所代扣的税款。纳税地点错误，会让扣缴义务人李某陷入被西安高新技术产业开发区税务局追征税款，而在上海市静安区税务局又难以退税的窘境。

5. 个人股权的承债式转让

承债式股权转让是股权转让过程中普遍存在的一种股权转让模式，不仅企业在用，个人也在用，只是涉及的税种不同而已。对于企业承债式股权转让涉及的企业所得税应该如何征收，目前没有明确的规定，但对于个人承债式股权转让，国家税务总局在 2007 年对广东省地方税务局有一个批复，即《国家税务总局关于股权转让收入征收个人所得税问题的批复》（国税函〔2007〕244 号）。该批复对广东省温泉公司的原全体股东承债式股权转让个人所得税征收做出了明确的规定。

（1）对于原股东取得转让收入后，根据持股比例先清收债权、归还债务后，再对每个股东进行分配的，应纳税所得额的计算公式为：

应纳税所得额 =（原股东股权转让总收入 − 原股东承担的债务总额 + 原股东所收回的债权总额 − 注册资本额 − 股权转让过程中的有关税费）× 原股东持股比例

其中，原股东承担的债务总额不包括应付未付股东的利润。

（2）对于原股东取得转让收入后，根据持股比例对股权转让收入、债权债务进行分配的，应纳税所得额的计算公式为：

应纳税所得额 = 原股东分配取得股权转让收入 + 原股东清收公司债权收入 − 原股东承担公司债务支出 − 原股东向公司投资成本

（二）印花税的征收

印花税是一个古老的税种，之所以称为印花税，是因为最初印花税是以印花税票的形式出现的，即在需要缴纳印花税的各种证件、协议等上粘贴印有各种图案的印花税票，以示完税。其作用与缴款书是一样的。

个人股权转让印花税的征收要看转让的是上市公司的股票，还是未上市公司的股权。

1. 个人转让上市公司的股票

按照《财政部 国家税务总局关于调整证券（股票）交易印花税征收方式的通知》（财税明电〔2008〕2 号）的规定，股票买卖包括继承、赠与，印花税按照成交金额的1‰缴纳。股票买卖的印花税只在卖出股票时缴纳，在买进股票时不需要缴纳印花税。印花税由上海证券交易所与深圳证券交易所代扣代缴。

注意：根据《财政部 税务总局关于减半征收证券交易印花税的公告》(财政部 税务总局公告 2023 年第 39 号)的规定，自 2023 年 8 月 28 日起，证券交易印花税实施减半征收。

2. 个人转让非上市公司的股权

个人转让非上市公司的股权，根据《印花税法》的规定，按“产权转移数据”缴纳印花税，税率为转让价款的 0.5‰，无论是转让方还是受让方，均为纳税义务人。换句话说，转让方和受让方都要按合同金额的 0.5‰ 缴纳印花税。

注意：按当下减税降费的税收优惠政策，增值税上的小规模纳税人和企业所得税上的小型微利企业，可以享受减半征收印花税政策。

三、企业股权转让

个人股权转让涉及个人所得税和印花税，企业股权转让涉及增值税、企业所得税和印花税。对于个人股权转让征收的个人所得税，国家税务总局出台了专门的管理办法，但对企业股权转让如何征收企业所得税，国家税务总局并没有制定专门的管理办法，其内容散见于不同时期财政部与国家税务总局的相关规定中。

（一）企业与个人股权转让税收上的区别

实际上，无论是企业转让股权（也包括股票，下同）还是个人转让股权，就所需缴纳的税款来看，其在基本的税法原理和计税的方式方法上大体一致，但也有区别。下面分税种进行分析。

1. 关于增值税

个人转让股权。无论是非上市公司的股权还是上市公司的股票，均不需要缴纳增值税。

企业转让股权。转让上市公司的股票要缴纳增值税，转让非上市公司的股权不属于增值税的征收范围。

2. 关于所得税

个人转让股权，取得的收入按《个人所得税法》的规定属于分类所得。对于分类所得，纳税人单就股权转让取得的收入申报纳税即可。

企业转让股权，所取得的收入是企业所有收入的一部分，应与其他收入一起合并计算应纳税额，采用分季预缴，按年度汇算清缴的方式缴纳企业所得税。这意味着企业股权转让取得的收入是否要缴纳企业所得税，还要看企业在一个纳税年度的盈亏情况，且要与以前五个年度可以弥补的亏损综合进行考虑（根据规定，企业某一纳税年度发生的亏损可以用下一年度的所得弥补，下一年度的所得不足以弥补的，可以逐年延续弥补，但最长不得超过五年）。如果汇算的结果是企业全年盈利，那么企业应当缴纳企业所得税；如果是亏损，则不需要缴纳企业所得税。

3. 关于印花税

无论是个人转让股权，还是企业转让股权，在印花税的缴纳上都没有区别。

（二）增值税的征收规定

按照《中华人民共和国增值税暂行条例》（以下简称《增值税暂行条例》）的规定，增值税的征税对象是销售货物或者加工、修理修配劳务（以下简称劳务），销售服务、无形资产、不动产。股票不是货物，也不是服务与不动产，因此，其是否属于无形资产就是增值税征收的关键。

在《销售服务、无形资产、不动产注释》关于金融产品转让的解释中，将“有价证券”列于其中，而“有价证券”指的就是股票和债券。也就是说，公司炒股，实际上属于金融产品的转让。其中的逻辑关系是：金融产品是无形资产的一种，无形资产转让要缴纳增值税，那么金融产品的转让自然也要缴纳增值税；有价证券是金融产品的一种，金融产品的转让要缴纳增值税，那么有价证券的转让自然也要缴纳增值税；股票是有价证券，有价证券转让要缴纳增值税，那么股票的转让自然也要缴纳增值税。

股票转让按照卖出价扣除买入价的余额为销售额。股票转让出现正负差的，按盈亏相抵后的余额为销售额，计算应纳增值税；若相抵后出现负差，可结转到下一个纳税期，与该纳税期转让股票的收入相抵，计算应纳增值税。在年末时仍出现负差的，不得结转到下一个会计年度。

对于股票转让收入，一般纳税人适用 6% 的增值税税率，小规模纳税人适用 3% 的增值税征收率。

【案例 3-6】甲公司为一般纳税人。一月购买了 A、B 两支股票，买入价均为 1 亿元。当月 A、B 两支股票分别以 1.2 亿元与 0.9 亿元的价格卖出。

那么，甲公司的股票销售额为0.1（1.2+0.9–2）亿元，增值税应纳税额为0.006（0.1×6%）亿元，即60万元。

如果甲公司2月炒股赔了1亿元，3月炒股又挣了1亿元，那么在4月申报期，甲公司的股票交易收入为0，不用缴纳增值税。

若甲公司全年炒股总共亏损了3 000万元，能结转到下一个会计年度吗？按照规定，企业炒股亏损，只能在当年进行消化，消化不了也不能结转到下一个会计年度。

一般情况下，企业转让上市公司的股票要按照转让金融产品征收增值税，但对于一些特殊的投资者买卖股票，国家给予了免征增值税的税收优惠。根据《财政部 国家税务总局关于全面推开营业税改征增值税试点的通知》（财税〔2016〕36号）附件3的规定，下列金融商品转让收入免征增值税：

“1. 合格境外投资者（QFII）委托境内公司在我国从

事证券买卖业务。

2. 香港市场投资者（包括单位和个人）通过沪港通买卖上海证券交易所上市A股。

3. 对香港市场投资者（包括单位和个人）通过基金互认买卖内地基金份额。

4. 证券投资基金（封闭式证券投资基金，开放式证券投资基金）管理人运用基金买卖股票、债券。

5. 个人从事金融商品转让业务。”

（三）企业所得税的征收规定

1. 企业股权转让的收入

企业转让持有的股权取得的收入，不单独缴纳企业所得税，而是与其他收入一起进行综合考量，扣除成本费用后计算应纳税额。

《国家税务总局关于企业取得财产转让等所得企业所得税处理问题的公告》（国家税务总局公告 2010 年第 19 号）规定，企业取得财产（包括各类资产、股权、债权等）转让收入、债务重组收入、接受捐赠收入、无法偿付的应付款收入等，不论是以货币形式还是非货币形式体现，除另有规定外，均应一次性计入确认收入的年度计算缴纳企业所得税。根据上述规定，企业不论转让的是上市公司的股票还是非上市公司的股权，其所取得的收入都有两种体现形式：货币和非货币。

货币性资产是指现金、银行存款、应收账款、应收票据及到期的银行债券等。

非货币性资产是指包括股权、实物资产、不动产、技术发明成果（如专利、发明、实用新型、软件著作权和专有技术）等货币性资产以外的资产。

《国家税务总局关于贯彻落实企业所得税法若干税收问题的通知》（国税函〔2010〕79 号）规定："企业转让股

权收入，应于转让协议生效且完成股权变更手续时，确认收入的实现。”

根据上述规定，企业股权转让收入实现的确认，要同时满足股权转让协议生效及完成股权变更手续两个条件。缺少其中任何一个条件，都不能确认股权转让收入的实现。

2. 企业股权转让的成本

企业股权转让的成本根据企业的主体（居民企业、非居民企业）不同而有所区别。

（1）居民企业股权转让成本的计算

居民企业作为股东转让其所持有的股权，其成本的核算方式根据股权取得的方式不同分为以下两种。

一是通过支付现金方式取得的股权，以购买价款作为成本。居民企业股东转让股权的成本仅是购买该股权所支付的价款，不包括所缴纳的相关税费。

二是通过支付现金以外的方式取得的股权，以该股权的公允价值和支付的相关税费作为成本。

（2）非居民企业股权转让成本的计算

非居民企业转让居民企业股权的成本，按一次性投资转让和多次投资转让分别进行确认。

① 一次性投资转让，按出资方式的不同可分为以下两种情况：

一是非居民企业采取投资入股的形式获得的股权，股权转让的成本以非居民企业投资入股时，向中国居民企业实际交付的出资金额确认；

二是非居民企业按购买方式取得的股权，股权转让成本为购买该项股权时向该股权的原转让人实际支付的股权转让金额。

② 多次投资转让。同一非居民企业存在多次投资的，以首次投入资本时的币种，按照加权平均法计算股权成本价；多次投资时币种不一致的，应按照每次投入资本当日的汇率换算成首次投资时的币种计算股权成本价。

与居民企业转让股权不同的是，非居民企业转让股权可能会以外币作为计价的币种。那么，如何确认计算股权成本的币种呢？税法规定，非居民企业股东转让中国居民企业的股权，以非居民企业向被转让股权的中国居民企业投资时，或向原投资方购买该股权时的币种计算股权成本价。

3. 企业股权转让留存收益能否扣除

企业转让股权，如果没有留存收益（盈余公积与未分配利润），那么在计算股权转让所得时，用转让收入减去取得股权的成本即可。如果企业有留存收益，是否允许扣除呢？有人认为，企业的盈余公积和未分配利润实际上已经交过企业所得税了，如果在股权转让的过程中不允许扣除，那么相当于又交了一次税，有重复征税之嫌。下面举例说明。

【案例 3-7】甲公司持有 A 公司 100% 的股权，该股权的成本为 500 万元，公允价值为 1 000 万元，其中未分配利润为 500 万元。甲公司将持有的 A 公司的股权转让给乙公司。

在股权转让之前，若 A 公司将未分配利润 500 万元全部分给甲公司，则股权转让所得为 0（500–500）元，应当缴纳的企业所得税为 0；若 A 公司在股权转让之前未将 500 万元的未分配利润分给甲公司，则股权转让所得为 500（1 000–500）万元，应当缴纳的企业所得税为 125（500 × 25%）万元。

关于企业股权转让留存收益是否允许扣除这个问题，《国家税务总局关于贯彻落实企业所得税法若干税收问题的通知》规定：“转让股权收入扣除为取得该股权所发生的成本后，为股权转让所得。企业在计算股权转让所得时，不得扣除被投资企业未分配利润等股东留存收益中按该项股权所可能分配的金额。”该规定明确了企业股权转让留存收益不能扣除。

上述政策的内在逻辑考虑的不是一次性股权转让，而是股权转让后的再转让。

我们仍围绕案例 3-7 进行说明，如果留存收益允许扣除，那么甲公司把所持有的 A 公司股权以 1 000 万元（成本 500 万元 + 留存收益 500 万元）的价格转让给乙公司后，乙公司应确认投资成本为 1 000 万元。若 A 公司先向乙公司分红 500 万元，乙公司再以 500 万元的价格将所持有的 A 公司股权转让给 C 公司，确认投资损失 500 万元，这时 500 万元的损失就可以用于抵扣乙公司其他所得。这样一来，甲公司股权转让没有交税，乙公司再次转让又有了亏损，依旧不用交税，最终损失的是税款。

综上，企业股权转让为避免麻烦，先分红再转让是一个好的选择。

【案例 3-8】甲、乙两个公司共同投资设立 A 公司。其中，甲公司投资 70 万元，持股比例为 70%；乙公司投资 30 万元，持股比例为 30%。A 公司期末财务状况为：实收资本 100 万元、盈余公积 20 万元、未分配利润 80 万元，所有者权益合计 200 万元。现乙公司拟将其持有的 A 公司的股份全部转给丙公司。A 公司评估后净资产为 240 万元。

方案一：直接转让

我们先来看看在直接转让的情况下，乙公司的收入有多少。

（1）转让收入 =240×30%=72（万元）

（2）转让收益 =72–30=42（万元）

（3）企业所得税 =42×25%=10.5（万元）

（4）实际收益 =42–10.5=31.5（万元）

方案二：先分红再转让

将A公司的未分配利润先进行分配，乙公司可分到股息24（80×30%）万元，这部分分红免税。由于A公司进行了分红，导致评估后的净资产为160（240–80）万元，股权转让的实际收益如下。

（1）转让价格=160×30%=48（万元）

（2）转让收益=48–30=18（万元）

（3）企业所得税=18×25%=4.5（万元）

（4）股权转让收益=18–4.5=13.5（万元）

（5）实际收益=13.5+24=37.5（万元）

相较于方案一，方案二使企业多收入6（37.5–31.5）万元。

4. 企业股权转让损益的确认

企业转让所持有的股权，可能会挣钱，也可能会赔钱。

对于挣钱的股权转让，按照国家税务总局公告2010年第19号的规定，不论是以货币形式还是非货币形式体现的股权转让收入，除另有规定外，均应一次性计入确认收入的年度计算缴纳企业所得税。

对于赔钱的股权转让，《国家税务总局关于企业股权投资损失所得税处理问题的公告》（国家税务总局公告2010年第6号）第一条规定："企业对外进行权益性（以下简称股权）投资所发生的损失，在经确认的损失发生年度，作为企业损失在计算企业应纳税所得额时一次性扣除。"

因此，不论是挣钱还是赔钱，均须在股权转让年度一次性确认损益。简单来说，企业股权转让完成后，若挣了钱，则要确认收入，计算缴纳企业所得税；若赔了钱，则要确认损失，在计算企业所得税时一次性扣除。

5. 企业股权的承债式转让

企业股权的承债式转让，简单来说就是新老股东对目标公司的债务，确定一个时间节点，以前的债务由老股东承担，以后的债务由新股东承担。例如，甲公司将其持有的 A 企业 50% 的股份转让给乙公司。甲乙双方约定，以合同生效的时间为准。合同生效前，A 企业的债权债务由甲公司负责；合同生效后，A 企业的债权债务由乙公司负责。这就是一个典型的承债式股权转让协议。

从表面上看，承债式股权转让只是股权交易双方为了规避债务风险而做出的约定，与税收没有太大关系，但若透过现象看本质，就不难发现承债式股权转让与税收有很大关系。

对于承债式股权转让，虽然是交易双方所达成的共识，但在达成共识的过程中很可能有利益的考量。作为老股东，转让方承担了目标公司的债务，可能会要求新股东（股权转让的受让方）在股权交易价格上做出让步，即提高股权交易价格。股权交易价格的变化，势必会影响股权转让的收入，从而影响税款征收。

同时，对于老股东而言，替目标公司偿还债务应如何认定，究竟是一种赠与行为还是投资行为，同样会对税收产生影响。

如果被认定是一种赠与行为，那么这样的赠与不符合在企业所得税税前扣除的条件，是无法在税前扣除的；如果被认定是一种投资行为，那么必须有相关的法律文件作为支撑，同时目标公司的账目也要做出相应的调整。

对于新股东而言，如果债是老股东还的，而钱是由新股东出的，那么新股东所支付的这笔用于还账的资金被认定为捐赠支出是大概率事件，这样的捐赠支出也是不能在企业所得税税前扣除的；如果被认定是股权支付对价的一部分，那么势必会影响股权支付的比例，进而影响是否符合特殊性税务处理的条件，以及能否享受递延纳税的税收优惠政策。

因此，承债式股权转让，新股东看似在股权转让上规避了债务风险，但若处理不当，将面临很大的税务风险。

6. 纳税义务发生时间

企业股权转让纳税义务发生时间与个人股权转让纳税义务发生时间的规定不完全一样。个人股权转让只要满足转让协议生效、取得部分或全部转让款、做了股权变更登记等条件之一，纳税义务即发生。对于企业股权转让，根据国税函〔2010〕79 号文件的规定，纳税义务发生时间须同时满足转让协议生效和做了股权变更登记两个条件，缺少其中的任何一个条件，纳税义务都没有发生。

【案例 3-9】甲公司持有乙公司 10% 的股权，近来两家公司在企业的经营过程中产生了很多矛盾，甲公司决定将所持有的乙公司 10% 的股权转让给丙公司。因急于出手，所以在转让价格上做出了较大的让步。

很快，甲公司与丙公司签订了股权转让协

议，约定办理股权转让登记三个月内，丙公司支付股权转让的全部价款。协议签订后，丙公司很快办理了股权变更登记。但丙公司因资金问题，没能按合同约定的时间付款，这一拖就拖了一年多。

第二年的汇算清缴结束后，税务稽查人员对甲公司进行了例行检查，发现了这笔股权交易的相关材料，以及至今未确认收入申报纳税的事实。甲公司的解释是，因为至今也没有收到丙公司支付的股权转让款，所以就没有确认收入，自然也就没有申报纳税了。

税务稽查人员告诉甲公司，按税法的规定，股权转让收入纳税义务发生的时间为协议生效及办理股权转让登记的时间。所以，甲公司在办理股权转让登记时，纳税义务就已经发生了，应当确认收入并申报纳税。至于丙公司是否支付了股权转让款项，并不影响纳税义务的发生。

最终，对于甲公司的税收违法行为，税务机

关决定对其追缴税款、加收滞纳金并进行处罚。

7. 扣除凭证

不论是企业股权转让还是个人股权转让，对于是否需要开具发票，若没有开具发票，在企业所得税税前以什么作为扣除凭证等问题，一直是股权交易双方关注的焦点。对此要具体问题具体分析，不能一概而论。

根据《中华人民共和国发票管理办法》（以下简称《发票管理办法》）的规定，销售商品、提供服务以及从事其他经营活动的单位和个人，对外发生经营业务收取款项，收款方应向付款方开具发票。因此，不论是单位还是个人，只要发生的是经营性行为，就应当开具发票。

企业股权转让和个人股权转让均属于交易行为，实际上也就是一种经营活动，因此，按《发票管理办法》的规定，转让方应当向受让方开具发票。

但若转让方没有开具发票，受让方能以收付款凭证作为税前扣除凭证吗?

《企业所得税税前扣除凭证管理办法》第九条规定:“企业在境内发生的支出项目属于增值税应税项目(以下简称“应税项目”)的,对方为已办理税务登记的增值税纳税人,其支出以发票(包括按照规定由税务机关代开的发票)作为税前扣除凭证。”也就是说,企业以发票作为税前扣除凭证的前提条件有两个,首先支出的项目是增值税应税项目,其次办理了税务登记。

根据增值税的相关规定,不论是企业股权转让还是个人股权转让,均不属于增值税的征收范围,因此,如果转让方没有开具发票,受让方可以不以发票作为企业所得税税前扣除凭证。

但若企业转让的是上市公司的股票,则属于增值税的征税范围,除另有规定外,受让方应当以发票作为企业所得税税前扣除凭证。

（四）特殊性税务处理

特殊性税务处理适用于企业的股权收购。所谓股权收购，是指一家企业（以下称为收购企业）购买另一家企业（以下称为被收购企业）的股权，以实现对被收购企业控制的交易。收购企业支付对价的形式包括股权支付、非股权支付或两者的组合。相较于股权转让，股权收购只是一个小的概念，换句话说，股权收购仅是股权转让的一部分。

根据规定，对于符合条件的股权收购，可以享受递延纳税的税收优惠政策。具体条件如下：

（1）具有合理的商业目的，且不以减少、免除或者推迟缴纳税款为主要目的；

（2）被收购、合并或分立部分的股权比例要达到 50% 以上；

（3）企业重组后连续 12 个月内不改变重组资产原来

的实质性经营活动；

（4）重组交易对价中涉及股权支付的金额要达到85%以上；

（5）企业重组中取得股权支付的原主要股东，在重组后连续12个月内，不得转让所取得的股权。

对于符合上述条件的股权收购，对转让企业而言，其所取得受让企业股权的计税基础，以被转让资产的原有计税基础确定；对受让企业而言，其所取得的转让企业资产的计税基础，以被转让资产的原有计税基础确定。

（五）合伙企业的股权转让

虽然合伙企业也称企业，但其在税收征管上与法人企业是不一样的；虽然合伙企业也缴纳个人所得税，但其与自然人也不一样。因此，在税收征管上，合伙企业是一个特殊的存在。

我们先要明确，合伙企业的股权转让是指合伙企业转让所持有的法人企业的股权，而不是合伙企业的合伙人转让其持有的本企业财产份额。例如，甲合伙企业持有A公司20%的股权，是A公司的股东之一，在这种情形下，甲合伙企业可以将所持有的A公司20%的股权转让给乙公司。

合伙企业是由若干合伙人出资成立的，合伙人可以是自然人，也可以是公司、个人独资企业等其他市场主体。合伙人按各自的出资比例持有合伙企业的财产份额，根据财产份额或合伙协议分享合伙企业的收益。

法人企业缴纳的是企业所得税，而合伙企业缴纳的是个人所得税，并且是按经营所得缴纳个人所得税。其应纳税所得额的计算方式与企业所得税基本相同，但法人企业适用25%的比例税率，合伙企业适用5%~35%的超额累进税率。法人企业投资取得的股息、红利所得免税，合伙企业投资取得的股息、红利所得要按20%的税率缴纳个人所得税。

合伙企业转让股权也缴纳个人所得税，但是个人转让股权适用的税目是财产转让所得，其税率为20%；而合伙企业适用的税目是经营所得，税率为5%~35%。因此，虽然都是缴纳个人所得税，但其实质相差甚远。

事实上，对合伙企业股权转让收入究竟是按财产转让所得的20%征收个人所得税，还是按经营所得的5%~35%征收个人所得税，一直存在着争议。原因在于，《国家税务总局关于〈关于个人独资企业和合伙企业投资者征收个人所得税的规定〉执行口径的通知》（国税函〔2001〕84号）第二条规定："个人独资企业和合伙企业对外投资分回的利息或者股息、红利，不并入企业的收入，而应单独作为投资者个人取得的利息、股息、红利所得，按'利息、股息、红利所得'应税项目计算缴纳个人所得税。"

很多人认为，既然股息、红利所得可以不并入经营所得征收个人所得税，那么股权转让所得也应该按照财产转让所得，单独计算缴纳个人所得税，而不是并入经营所得。但《国家税务总局关于切实加强高收入者个人所得税征管的通知》(国税发〔2011〕50号)第二条第三项规定:“对个人独资企业和合伙企业从事股权(票)、期货、基金、债券、外汇、贵重金属、资源开采权及其他投资品交易取得的所得,应全部纳入生产经营所得,依法征收个人所得税。”因此,根据该规定,合伙企业的股权转让收入应按经营所得计算缴纳个人所得税。

需要注意的是,国家税务总局稽查局在2018年出台了《国家税务总局稽查局关于2018年股权转让检查工作的指导意见》(税总稽便函〔2018〕88号),该文件将合伙企业股权转让所得按企业类型划分为两种情况。

一是非创投企业。非创投企业股权转让所得应按照“先分后税”的原则,根据合伙企业的全部生产经营所得和合伙协议约定的分配比例确定合伙企业各合伙人的应纳税所得额,其自然人合伙人的分配所得,应按照“个体工商户的生产、经营所得”项目缴纳个人所得税。

二是创投企业。创投企业股权转让所得，根据企业核算形式的不同，分别按以下两种情况确定税目并缴纳个人所得税：

——按单一投资基金核算的，其个人合伙人从该基金应分得的股权转让所得和股息、红利所得，按照 20% 税率计算缴纳个人所得税；

——按年度所得整体核算的，其个人合伙人应从创投企业取得的所得，按照“经营所得”项目 5%~35% 的超额累进税率计算缴纳个人所得税。

四、限售股转让中的税事

顾名思义，限售股就是限制流通的股票。当然，这个限制流通是指在二级市场上的限制流通；而限制，只是在时间上的限制。限售股目前分为以下三种。

一是股改限售股，即股权分置改革时产生的限售股，又称大小非解禁。在股权分置改革之前，上市公司的股权由两部分组成：一部分是可以在二级市场流通的，称为流通股；另一部分是不能流通的，称为非流通股。股权分置改革后，这些非流通股也可以上市交易，但是对上市流通的时间做出了限制。

二是新股限售股，即新股发行时的配售股、重大资产重组形成的限售股、增发形成的限售股及股权激励限售股等。

三是重组限售股，即对公司的控股股东和实际掌控人所持股份的上市流通做出时间限制，一般是 36 个月。

（一）股改限售股

股改限售股的全称为股权分置改革的限售股。根据上市公司股权分置改革的相关规定，股改后的公司原非流通股股份的出售，应当遵守下列规定：

一是自改革方案实施之日起，在 12 个月内不得上市交易或者转让；

二是持有上市公司股份总数5%以上的原非流通股股东，在前项规定期满后，通过证券交易所挂牌交易出售原非流通股股份，出售数量占该公司股份总数的比例在12个月内不得超过5%，在24个月内不得超过10%。

通过股权分置改革取得流通权而在一定期限内又限制流通的非流通股，被称为股改限售股。对于参与股权分置改革的股票，按规定要停盘，等股改结束后复牌交易；对于持有限售股的股东，在限售期结束后可以卖出股票。

1. 企业股东的税务处理

股东是企业的，转让股改限售股的税务处理如下。

（1）增值税。按税法规定，企业转让上市公司股票应按照“金融商品转让”缴纳增值税，销售额为卖出价扣除买入价后的余额。买入价为股票复牌首日的开盘价。销售额的计算公式如下：

销售额 =（卖出价 – 买入价）

企业如果是一般纳税人，则适用 6% 的税率；如果是小规模纳税人，则适用 3% 的征收率。

（2）企业所得税。企业转让股改限售股所取得的收入，应当并入企业的应税收入计算缴纳企业所得税。转让股改限售股的收入为扣除限售股原值和合理税费后的余额。其计算公式为：

股改限售股转让收入 = 卖出价 –（股权原值 + 合理税费）

如果企业不能提供或所提供的股改限售股的原值凭证不能准确计算该限售股原值，主管税务机关应当按该限售股转让收入的 15% 确定该限售股的股权原值和合理税费。

对于企业代持的限售股，其转让收入也应当计入企业的应税收入，计算缴纳企业所得税。企业将完税后的余额转给被代持人时不再纳税。

2. 自然人股东的税务处理

按增值税的相关规定，自然人转让上市公司的股票不需要缴纳增值税。按个人所得税的相关规定，自然人转让股改限售股需要缴纳个人所得税。其计算公式为：

应纳税额 =［卖出价 -（买入价 + 合理税费）］×20%

（二）新股限售股

不论是《公司法》还是证券交易所的交易规则，均对首次公开发行（IPO）上市公司股东所持有的上市公司股份规定了一定的限售期，即此类股东所持股票在一定期限内不能上市交易。这就是新股限售股。

新股限售股于解禁前获得的送转股也属于限售股的一部分。新股 IPO 时，新股限售股可以防止股票上市后原持股股东抛掉股票变现，导致上市公司控制权快速更迭，影响公司的正常经营。

对新股限售股解禁后出售股票的企业股东与自然人股东，税收上有不同的规定。

1. 企业股东的税务处理

（1）增值税。根据税法规定，转让上市公司股票，除个人、证券投资基金等享受增值税免税优惠外，其他纳税人应按照“金融商品转让”缴纳增值税，销售额为卖出价扣除买入价后的余额。买入价为 IPO 的发行价。

企业如果是一般纳税人，适用 6% 的税率；如果是小规模纳税人，适用 3% 的征收率。

（2）企业所得税。企业转让新股限售股所取得的收入，应当并入企业的应税收入计算缴纳企业所得税。转让新股限售股的收入为扣除新股限售股的股权原值和合理税费后的余额。其计算公式为：

新股限售股转让收入 = 卖出价 –（股权原值 + 合理税费）

如果企业不能提供或所提供的新股限售股的原值凭证

不能准确计算该新股限售股原值，主管税务机关应当按该新股限售股转让收入的 15% 确定该新股限售股的股权原值和合理税费。

对于企业代持的新股限售股，其转让收入也应当计入企业的应税收入计算企业所得税。企业将完税后的余额转给被代持人时不再纳税。

2. 个人股东的税务处理

按个人所得税的相关规定，自然人转让限售股要缴纳个人所得税。其计算公式为：

$$应纳税额=[卖出价-(买入价+合理税费)]\times 20\%$$

如果自然人股东不能提供或所提供的新股限售股的原值凭证不能准确计算该新股限售股原值，主管税务机关应当按该新股限售股转让收入的 15% 确定该新股限售股的股权原值和合理税费。

（三）重组限售股

在市场经济下，企业的改制重组是一种正常的经济现象。为保证改制重组企业的稳定性，国家对参与改制股东所持有的股票，分别设定了一年、三年、五年的锁定期，在锁定期内，被锁定的股票不能在二级市场交易。此类股票被称为重组限售股。

对重组限售股解禁后出售股票的企业股东与自然人股东，税收上有不同的规定。

1. 企业股东的税务处理

（1）增值税。正如前面所讲，企业转让上市公司的股票应按照“金融商品转让”缴纳增值税，销售额为卖出价扣除买入价后的余额。

重大资产重组限售股的买入价为重组停牌前一交易日的收盘价。重组前已暂停上市的，买入价为完成重组后股票恢复上市首日的开盘价。实施股改重组，首次公开发行股票上市的限售股，买入价为股票上市首日的开盘价。

若企业在重组改制期间多次出现停牌的情况，根据国家税务总局公告2019年第31号的规定，买入价为中国证券监督管理委员会就上市公司重大资产重组申请做出予以核准决定前的最后一次停牌前一交易日的停牌价。最后一次停牌的判断标准如下：

① 停牌时间是中国证券监督管理委员会审核前的最后一次停牌；

② 中国证券监督管理委员会审核的事项是本次重大资产重组的事项。

企业如果是一般纳税人，适用6%的税率；如果是小规模纳税人，适用3%的征收率。

（2）企业所得税。企业转让重组限售股所取得的收入，应当并入企业的应税收入计算缴纳企业所得税。征税方式与股改限售股和新股限售股相同。

2. 股东是个人的

自然人转让重组限售股的征税方式与股改限售股和新股限售股相同。作为减持限售股的自然人股东，可以选择缴纳个人所得税的地点。例如，自然人股东选择在深圳的证券机构开户，则在深圳纳税；选择在北京的证券机构开户，则在北京纳税。

五、股权转让中的热点问题

股权转让涉及不同的市场主体，在转让过程中又涉及转让的成本、收入，转让协议的类型、生效的条件，股权变更登记，转让成功与失败等问题，而所有这些问题毫无例外都与税收有关，这就决定了股权转让在税收的处理上有很多需要研究讨论的地方。

（一）自然人持股与合伙企业持股的税收考量

对于一个企业而言，其股东可以是自然人，也可以是合伙企业。作为一个投资者，究竟是选择以自然人股东身份持股，还是采取合伙企业的方式持股，关系到股东的切身利益。

1. 以自然人股东身份持股

以自然人股东身份持股的征税规定如下。

在股权转让时， 无论是买卖上市公司的股票，还是非上市公司的股权，均免征增值税；在个人所得税上，按财产转让所得征收，税率为20%。

在获得股息、红利时， 个人所得税按股息、红利所得征收，税率为20%。

在限售股解禁时， 企业上市后自然人股东限售股的转让可以选择纳税地点，并且享受递延纳税的税收优惠。

2. 采取合伙企业的方式持股

采取合伙企业的方式持股，征税规定如下。

（1）在股权转让时，转让非上市公司股权的，不缴纳增值税；转让上市公司股票的，需要缴纳增值税，一般纳税人适用 6% 的税率，小规模纳税人适用 3% 的征收率。

在个人所得税上，合伙企业的股权转让收入应记入“生产经营所得”，适用 5%~35% 的个人所得税税率。《国家税务总局稽查局关于 2018 年股权转让检查工作的指导意见》（税总稽便函〔2018〕88 号）对部分地方为招商引资而对合伙企业股权转让适用 20% 税率的做法予以了纠正。

但凡事都有例外，为鼓励创投企业的发展，《财政部 税务总局 发展改革委 证监会关于创业投资企业个人合伙人所得税政策问题的通知》（财税〔2019〕8 号）规定，创投企业选择按单一投资基金核算的，其个人合伙人从该基金应分得的股权转让所得和股息、红利所得，按照 20% 的税率计算缴纳个人所得税。

（2）获得股息、红利所得时，要按经营所得适用

5%~35% 的个人所得税税率。

【案例 3-10】王某是 A 公司的创办人，为留住人才实施股权激励，设立了员工持股平台 B 企业，B 企业为合伙企业。2021 年 8 月，王某将其通过 B 企业间接持有的部分 A 公司的股权转让给了李某。B 企业按 20% 的税率代扣代缴了个人所得税。

2022 年 7 月，B 企业接到税务部门的通知，要求其按经营所得，适用 35% 的税率，补交前述股权转让少交的近 1 000 万元税款。

（二）股权交易失败能否退税

根据《财政部 税务总局关于贯彻实施契税法若干事项执行口径的公告》（财政部 税务总局公告 2021 年第 23 号）的规定，因人民法院判决或者仲裁委员会裁决导致土地、房屋权属转移行为无效、被撤销或者被解除，且土地、房屋权属变更至原权利人的，纳税人可依照有关法律法规申请退税。也就是说，经过法院判决和仲裁机构裁决，房产交易无效，房产又变更到原产权人名下的，可以申请退还契税。

那么，类似契税这样的退税规定是否适用于股权转让呢？就税收政策而言，在股权转让中，国家税务总局有着与之不同的规定。

《国家税务总局关于纳税人收回转让的股权征收个人所得税问题的批复》（国税函〔2005〕130号）明确指出，根据《个人所得税法》及其实施条例和《税收征收管理法》的有关规定，股权转让合同履行完毕、股权已作变更登记，且所得已经实现的，转让人取得的股权转让收入应当依法缴纳个人所得税。转让行为结束后，当事人双方签订并执行解除原股权转让合同、退回股权的协议，属于另一次股权转让行为，对前次转让行为征收的个人所得税款不予退回。

简单来说，股权转让所有手续已经履行完毕后，双方又签订了解除股权转让的协议，把股权退回原转让人的，属于另一次股权转让行为，须征收税款，同时，前次股权转让的税款也不退。但若股权转让没有完成，此时股权转让合同解除，对于已经缴纳的税款，税务机关应当退税。

【案例 3-11】王某最近遇到了一些麻烦事，急需用钱，于是便决定将自己手中持有的甲公司的股权转让出去。李某刚好手中有些闲钱，正在找投资渠道，于是与王某一拍即合。双方很快签订了股权转让协议。李某按协议约定，在支付股权转让款时代扣代缴了个人所得税。

之后，王某的朋友告诉王某股权转让价格太低了，若将股权转让给他，他愿意多出 20% 的价钱。王某经过再三考虑，找到李某，表示要修改股权转让协议中的价格条款，否则就不办理股权过户手续。李某不同意王某的要求，双方经过协商也未达成一致意见。之后，李某一纸诉状将王某告上法庭，要求王某或者办理股权变更登记手续，或者返还已支付的股权转让款并支付违约金。

法院经过审理，最终判决王某向李某返还已支付的股权转让款并支付违约金。

拿到法院的判决书后，王某到税务机关申请退还已经缴纳的个人所得税，理由是自己与李某的股权转让协议没有执行完毕，法院判决解除合同，返还股权转让款，因此已经缴纳的税款应当退还。

税务机关经研究认为，根据国税函〔2005〕130号的规定，股权转让是否应退税，要根据合同是否履行完毕、股权是否完成工商变更登记、转让人是否收到股权转让款来判断。申请人王某与李某的股权交易没有完成变更登记，且法院判决解除合同，返还支付的股权转让款，因此符合退税的规定，决定退税。

（三）股权转让中的代持

由于各种各样的原因，有些实际出资人不便于成为企业的股东，股权代持应运而生。所谓股权代持，是指实际出资人委托他人代自己持有公司的股权。这里的实际出资人被称为隐名股东；代持人被称为显名股东，也被称为名义出资人。显名股东行使股东权利，隐名股东享有投资收益。

对于代持，根据《最高人民法院关于适用〈中华人民共和国公司法〉若干问题的规定（三）》第二十五条："有限责任公司的实际出资人与名义出资人订立合同，约定由实际出资人出资并享有投资权益，以名义出资人为名义股东，实际出资人与名义股东对该合同效力发生争议的，如无合同法第五十二条规定的情形，人民法院应当认定该合同有效。

前款规定的实际出资人与名义股东因投资权益的归属发生争议，实际出资人以其实际履行了出资义务为由向名义股东主张权利的，人民法院应予支持。名义股东以公司股东名册记载、公司登记机关登记为由否认实际出资人权利的，人民法院不予支持。”

（注：自 2021 年 1 月 1 日《中华人民共和国民法典》正式实施后，《中华人民共和国合同法》同时废止。）

从上述最高人民法院的司法解释来看，代持行为是受到法律保护的。

1. 个人代持

股权代持在法律上是没有问题的，关键是在税收上应该对谁征税，是对代持人征税还是对实际持有人征税？这是值得认真研究和慎重考虑的问题。

单纯从所有权的角度来看，股权本来就不是代持人的，只是代为持有而已，在变更股权登记时不过是物归原主，所有权并没有发生转移，因此在这种情况下，以所有权转移作为征税基础的所得税，就丧失了基本的法理依据。但股权代持具有复杂性，税务机关需要在保证国家税款安全与尊重民事法律制度上进行征税。

如果在代持变更登记时不征税，那么从表面上看是尊重了关于所有权的民事法律制度，企业既可以将股权委托给能够享受税收优惠政策的企业代持，也可以代持为名完成股权交易，以此达到少交税的目的。但是，税务机关对代持协议的真假是难以做出准确判断的，这种情况下，对代持人变更股权登记不征税，可能会引发大量以代持为名恶意规避税收的行为。

也许有人会说："股权交易双方可以在法院打一场确权官司，然后税务机关再决定是否征税。"对此，《国家税务总局关于企业转让上市公司限售股有关所得税问题的公告》（国家税务总局公告 2011 年第 39 号）规定："因股权分置改革造成原由个人出资而由企业代持有的限售股，企业在转让时按以下规定处理：依法院判决、裁定等原因，通过证券登记结算公司，企业将其代持的个人限售股直接变更到实际所有人名下的，不视同转让限售股。"但这也仅仅是对在股权分置改革中出现的代持问题的一种应对之策，其他情况下的股权代持是否适用，目前尚没有明确的规定。但从税收执法实践来看，在股权代持变更股权登记时，以代持人作为纳税义务人是税务机关通行的一种做法。

【案例 3-12】王某和李某共同出资成立了王李科技有限公司，王某和李某各占 50% 的股权。王某因身份的原因，请朋友牛某代持公司的股份，并签订了代持协议。

一年后，王某的身份问题解决了，于是决定解除自己与牛某之间的代持协议，由自己持有公司的股权。由于股权本来就是王某的，所以牛某没什么意见，双方均同意解除代持协议。

但在变更股权登记时出了问题。股权登记部门要求王某出具已缴纳税款的证明，否则不予办理股权变更登记。王某出示了相关股权代持协议，以及投资的相关证明，以证明股权本来就是自己的，牛某只是代持。王某认为现在不过是物归原主而已，交税是没有道理的。

王某咨询了律师，律师告诉他，核心问题在于股权是谁的，如果能够确认所有权就是王某的，那么交税就没有任何法律依据了。为此，王某干脆到法院打了一场股权确认官司，最终的法院判决也确认了王某对公司股权的所有权。王某再次到股权登记部门，出示了法院的判决书要求变更登记，但股权登记部门仍然不予办理，理由很简单，即使有法院的判决，没有税务机关的完税证明，仍然不能变更登记，建议王某到税务机关进行咨询。

税务人员告诉王某，股权登记部门的做法是正确的。按照国家税务总局公告2014年第67号的规定，股权被司法或行政机关强制过户也要缴纳个人所得税。

【案例3-13】鲍某实际持有安徽某药业公司51.09%的股份，其中由李某代持40%。2017年，鲍某将自己所实际持有的51.09%的股份转让给了殷某。为了达到不交或少交税款的目的，鲍某与殷某签订了两份合同，一份是“阴合同”，另一份是“阳合同”。“阴合同”注明的股权转让价格为7 000万元，而“阳合同”注明的股权转让价格为300万元。鲍某按“阳合同”的300万元转让价申报缴纳了税款，实际少交税款1 000多万元。

当地税务稽查局接到举报后，依法对鲍某的上述股权转让行为进行了审查，对股权的实际持有人鲍某和代持人李某分别做出了税务处理和税务处罚决定，追缴鲍某少交的个人所得税税款约200万元并处以罚款，追缴李某少交的个人所得税税款约900万元并处以罚款。

由于李某认为自己是代持股份，在股权转让过程中并没有得到任何好处，不应该纳税，因此没有按照税务机关要求的时间缴纳税款、滞纳金和罚款。

之后该案件被移送司法机关。由于李某有足够的证据证明自己和鲍某之间是代持关系，股权转让的实际受益人也是鲍某，而在民事法律关系上，股权的代持是合法的，因此司法机关直接以隐名股东鲍某作为犯罪嫌疑人，放弃了对李某的刑事追诉。法院按逃税罪依法判处鲍某有期徒刑4年，并处罚金50万元。

从该案来看，税务机关在认定股权转让的纳税义务人时，依据是股权登记中确认的股权持有人，而不论代持与否。而司法机关对代持是予以认可的，但前提是当事人必须有足够的证据来证明这种代持关系是存在的。如果本案中的李某没有足够的证据证明他与鲍某之间是代持关系，那么李某也将面临牢狱之灾。

2. 企业代持

不论是个人代持还是企业代持，在民事法律制度上都是允许的，但个人代持与企业代持所涉及的税种是不一样的。个人结束代持，做股权变更登记时涉及的是个人所得税；而企业结束代持，做股权变更登记时涉及的是企业所得税。

个人做股权变更登记时按财产转让所得缴纳 20% 的个人所得税即可，不涉及亏损的处理，相对简单；而企业做股权变更登记，涉及的税收问题会复杂一些。下面通过举例来说明。

【案例 3-14】A、B、C、D 四个公司，A 公司帮 B 公司代持 100 万元股权，后 B 公司将股权以 150 万元的价格转让给 C 公司。C 公司委托 A 公司继续代持，后 C 公司又将股权以 200 万元的价格转让给 D 公司。D 公司要求 A 公司将代持的股权过户到其名下。

A 公司表示变更登记可以，但 B、C 公司应承担股权转让的税款。B、C 公司却不这么认为，它们认为公司一直亏损，即使有这笔股权转让收入，也不能转亏为盈，既然没有盈利，自然就不用交企业所得税了。

从《中华人民共和国企业所得税法》(以下简称《企业所得税法》)上看，B、C公司的观点没有问题，但对A公司而言，若经营亏损，股权交易额不大，或许还能接受；若相反，那A公司就成“冤大头”了，因为税务机关只会要求A公司交税。

（四）明股实债

对于什么是名股实债，税法没有明确规定，但《证券期货经营机构私募资产管理计划备案管理规范第4号》对名股实债做出了说明，即名股实债是指投资回报不与被投资企业的经营业绩挂钩，不是根据企业的投资收益或亏损进行分配，而是向投资者提供保本保收益承诺，根据约定定期向投资者支付固定收益，并在满足特定条件后由被投资企业赎回股权或者偿还本息的投资方式，常见形式包括回购、第三方收购、对赌、定期分红等。

根据《财政部 国家税务总局关于明确金融 房地产开发 教育辅助服务等增值税政策的通知》（财税〔2016〕140号）第一条："《销售服务、无形资产、不动产注释》（财税〔2016〕36号）第一条第（五）项第1点所称'保本收益、报酬、资金占用费、补偿金'，是指合同中明确承诺到期本金可全部收回的投资收益。金融商品持有期间（含到期）取得的非保本的上述收益，不属于利息或利息性质的收入，不征收增值税。"

从上述规定来看，确认名股实债有以下两个关键节点：

（1）是否保本，即合同中是否明确规定了本金到期全部收回；

（2）是否保息，即是否收取固定利润或者保底利润。

如果既保本又保息，那就是典型的名股实债。

【案例 3-15】李某、张某与王某共同出资成立了甲公司。王某属于工薪阶层，每一分钱都来之不易，所以其风险意识特别强。为降低风险，王某要求在投资协议中约定甲公司一年后无论经营好与坏，都要以高于投资金额 10% 的价格回购自己手中的股权。由于李某和张某办公司急需资金，当下便同意了王某的要求。

一年后，甲公司按协议回购了王某手中的股权。

王某认为，自己与甲公司的股权回购是非上市公司的股权转让行为，按规定要缴纳个人所得税，但不属于增值税的征税范围，所以不用缴纳增值税。

但税务机关指出，王某与甲公司的股权回购从表面上看是股权转让行为，实际上却是一种借款行为，属于名股实债。

首先，王某向甲公司投资所签订的股权回购协议，既保本又保息，是一个名股实债的协议，因此属于贷款服务，其股权回购 10% 的增值属于贷款利息，应按 3% 的征收率缴纳增值税。

其次，虽然增值税与个人所得税是不同的两个税收体系，但是应该考虑执法的严肃性和统一性，既然在增值税上认定是贷款服务，那么在个人所得税上就不应该认定是股权转让，否则税务机关的执法就会出现“以子之矛，攻子之盾”的尴尬场面。因此，王某的股权回购还应按利息所得缴纳 20% 的个人所得税。

对于企业投资的名股实债，在增值税的处理上与个人投资的名股实债基本一致，即按贷款服务处理。如果是一般纳税人，按 6% 的税率缴纳增值税；如果是小规模纳税人，按 3% 的征收率缴纳增值税。

但是，在所得税的处理上，企业投资的名股实债与个人投资的名股实债有很大的不同。个人所得税对名股实债这种投资方式没有明确的征税规定，而企业所得税有，《国家税务总局关于企业混合性投资业务企业所得税处理问题的公告》（国家税务总局公告 2013 年第 41 号）将名股实债称为混合投资，规定只要具备以下五个条件，就是企业所得税上认定的混合投资：

（1）被投资企业接受投资后，需要按投资合同或协议约定的利率定期支付利息（或定期支付保底利息、固定利润、固定股息，下同）；

（2）有明确的投资期限或特定的投资条件，并在投资期满或者满足特定投资条件后，被投资企业需要赎回投资或偿还本金；

（3）投资企业对被投资企业净资产不拥有所有权；

（4）投资企业不具有选举权和被选举权；

（5）投资企业不参与被投资企业日常生产经营活动。

对于混合投资，投资双方应该按如下规定处理各自的涉税事项。

（1）对于被投资企业支付的利息，投资企业应于被投资企业应付利息的日期，确认收入的实现并计入当期应纳税所得额；被投资企业应于应付利息的日期，确认利息支出，并按税法和《国家税务总局关于企业所得税若干问题的公告》（国家税务总局公告 2011 年第 34 号）第一条的规定，进行税前扣除。

（2）对于被投资企业赎回的投资，投资双方应于赎回时将赎价与投资成本之间的差额确认为债务重组损益，分别计入当期应纳税所得额。

（五）企业注销是选择转让股权还是撤资

企业在对外投资时，可能会由于自身或被投资企业的原因而改变投资意愿，退出被投资企业。这种情形下，企业在选择如何退出时是有讲究的，不同的退出方式所产生的税收后果是不同的。下面通过举例来说明。

【案例3-16】甲公司与乙公司各投资100万元组建了丙公司。两年后，甲公司因资金困难，决定终止对丙公司的投资。此时，丙公司资产500万元，负债100万元，所有者权益400万元（其中，实收资本200万元、盈余公积100万元、未分配利润100万元）。股权转让时的价格为200万元。

（1）转让股权

甲公司退出最直接、最简单的方式是转让股权，即把被投资企业的股权转让出去。这种情形下，甲公司应交的企业所得税如下：

甲公司应交的企业所得税 =（200–100）× 25%=25（万元）

（2）撤资

如果选择撤资，那么按规定投资企业从被投资企业撤回或减少投资，其取得的资产中，相当于初始出资的部分，应确认为投资收回；相当于被投资企业累计未分配利润和累计盈余公积，按减少实收资本比例计算的部分，应确认为股息所得；其余部分应确认为投资资产转让所得。

这个案例中，甲公司投资收回100万元，丙公司累计盈余公积和累计未分配利润按减少实收资本比例计算的部分，即100［（100+100）×50%］万元，相当于甲公司的股息、红利所得，而股息、红利是免税的。因此，若按撤资处理，甲公司不用缴纳企业所得税。

（六）交易双方为非居民企业的由谁申报纳税

非居民企业取得的股权转让所得，按照《企业所得税法》及其实施条例的规定应当缴纳企业所得税的，以支付人为扣缴义务人代扣代缴税款。扣缴义务人每次代扣的税款，应当自代扣之日起七日内缴入国库。支付人是指依照有关法律规定或者合同约定对非居民企业直接负有支付相关款项义务的单位或者个人。

《国家税务总局关于非居民企业所得税源泉扣缴有关问题的公告》（国家税务总局公告2017年第37号，以下简称37号公告）第八条规定："扣缴义务人在申报和解缴应扣税款时，应填报《中华人民共和国扣缴企业所得税报告表》。"

扣缴义务人未扣缴应扣税款的，按《企业所得税法》第三十九条的规定，由取得所得的非居民企业在所得发生地缴纳。

对未按规定申报缴纳税款的，37号公告第九条第二款规定："非居民企业未按照《企业所得税法》第三十九条规定申报缴纳税款的，税务机关可以责令限期缴纳，非居民企业应当按照税务机关确定的期限申报缴纳税款；非居民企业在税务机关责令限期缴纳前自行申报缴纳税款的，视为已按期缴纳税款。"

（七）瑕疵出资人股权转让的风险

在认缴制下，有些投资人认缴的资金迟迟不到位，这不仅会影响企业的正常运转，还会给投资人自身带来巨大的法律风险，其中就包括税收风险。而这些投资人被称为瑕疵出资人。例如，当企业形成欠税而又怠于督促瑕疵出资人按认缴的数额出资时，税务机关可以提起民事诉讼，向瑕疵出资人追讨所欠税款。不仅如此，瑕疵出资人在股权转让过程中同样面临着巨大的税收风险。

股东在未实际出资的情况下转让所持有的股权，法律对此并没有作出禁止性的规定，因此，在没有实际出资的情况下，转让股权是一种合法的商业行为。但这给税收带来了一些问题，如计算应纳税所得额时，股权转让的成本（原值）应如何确定等。

1. 企业转让股权涉及的成本

企业转让股权需要缴纳企业所得税，《中华人民共和国企业所得税法实施条例》（以下简称《企业所得税法实施条例》）第七十一条规定：“投资资产按照以下方法确定成本：

（一）通过支付现金方式取得的投资资产，以购买价款为成本；

（二）通过支付现金以外的方式取得的投资资产，以该资产的公允价值和支付的相关税费为成本。”

根据上述规定，不论是以现金支付还是以其他资产作为支付方式，均须实际支付才能确认为成本；如果没有实际支付，则不能确认为成本。

因此，在认缴制下，企业如果没有实际出资，要转让所持有的股权，股权转让成本应当为0，则应纳企业所得税＝股权转让收入 ×25%。

2. 自然人转让股权涉及的成本

自然人转让股权需要缴纳个人所得税，根据国家税务总局公告 2014 年第 67 号第十五条的规定，个人以现金出资方式取得的股权，按照实际支付的价款与取得股权直接相关的合理税费之和确认股权原值。

个人所得税的规定与企业所得税的规定基本一致，即必须以实际支付为前提，如果没有实际支付，那么股权的原值应为 0，应纳个人所得税 = 股权转让收入 ×20%。

3. 瑕疵出资，股权转让价格明显偏低

根据税法的规定，股权转让所得税价格明显偏低且无正当理由的，税务机关可以核定征收。所谓的价格明显偏低，是指股权转让收入低于股权对应的净资产份额。税务机关按以下公式进行核定：

核定的股权转让收入 = 股权转让时公司的净资产 × 股权转让比例

虽然出资没有到位，或没有完全到位，瑕疵出资人仍

会持有企业一定比例的股份。瑕疵出资人在签订股权转让合同时，负有如实告知受让方瑕疵出资事实的义务，否则股权转让合同按法律规定属于可撤销合同。

因此，基于瑕疵出资的事实，瑕疵出资人股权转让的价格一般不高，这就可能让其面临被税务机关按净资产法核定征收个人所得税的风险。

（八）减资对股东权益的影响及相关税事

企业在生产经营过程中减少注册资本，这种情况虽不如增资发生的频繁，但偶尔也会发生，企业减资通常是由于企业严重亏损、资本剩余、公司分立、融资需求失败等导致的。

对于企业减资，按《公司法》的要求，要由股东会或股东大会作出决议，有限责任公司经代表三分之二以上表决权的股东、股份有限公司经出席会议的股东所持表决权的三分之二以上通过，并编制资产负债表及财产清单，依法通知债权人以及向公司登记机关办理变更登记。

减资分为全体股东同比例减资和不同比例减资两种。同比例减资即所有股东按一定比例减资；不同比例减资即有的股东减的多，有的股东减的少。不同减资形式会对股东权益产生不同的影响，但税收上的处理基本是一样的。

对于减资，在税法上因持股主体的不同分为两种情况。

1. 持股股东是企业法人

投资企业从被投资企业撤回或减少投资，应分四部分进行处理。

（1）在取得的资产中，相当于初始出资的部分，应确认为投资收回。

（2）相当于被投资企业累计未分配利润和累计盈余公积，按减少实收资本比例计算的部分，应确认为股息所得。符合条件的居民企业之间的股息、红利等权益性投资收益为免税收入，免征企业所得税。

（3）其余部分确认为资产转让所得。

（4）被投资企业发生的经营亏损，由被投资企业按规定结转弥补；投资企业不得调整减低其投资成本，也不得将其确认为投资损失。

2. 持股股东是自然人

持股股东是自然人的，其投资收回的所有财产都属于个人所得税应税收入，要计征个人所得税。

企业减资如果是用非货币性资产作为支付对价，由于企业资产的权属发生了变更，因此还存在一个视同销售计征企业所得税的问题。

（九）上市公司的定向增发

上市公司为了再融资的需要，在一定时期内会增发股票。所谓定向增发，是指其发行对象为特定的投资者，换句话说，该定向增发的股票，不是什么人都可以购买的，只有特定的人群才有资格购买。

定向增发又分为增量发行与存量发行。增量发行是指上市公司经过一定时期后为扩充股本而发新股；存量发行是指上市公司将原有老股东的股份卖给市场中的投资人。

上市公司增发股票，其目的是融资，经济实质是卖出股票，而不是用增发的股票进行投资。因此，从其性质上看，上市公司增发股票是一种交易行为，而不是投资行为。之所以要做出这样的判定，原因很简单，股权转让与股权投资在个人所得税的征收规定上是不同的。

在存量发行中，如果自然人股东以所持有的该上市公司的股权参与了定向增发，按照规定，此行为属于一种股权转让行为，而不是股权投资行为，其所取得的所得，应按“财产转让所得”税目缴纳个人所得税，税率为20%。

（十）股权转让后盈余积累转增股本

按照规定，企业的盈余公积、资本公积与未分配利润（以下简称盈余积累）不论是分配给股东还是转增股本，都要征收个人所得税。如果在股权转让前企业的盈余积累没有转增股本，而是转让后转增股本，那么个人所得税究竟是征收还是不征收呢？

根据《国家税务总局关于个人投资者收购企业股权后将原盈余积累转增股本个人所得税问题的公告》（国家税务总局公告2013年第23号）的规定，上述问题的核心在于个人所得税的纳税义务是否已履行。

一名或多名个人投资者以股权收购方式取得被收购企业100%股权的，如果被收购企业的盈余积累已经作为股权转让价格的一部分，缴纳了个人所得税，那么股权转让后，企业用盈余积累转增股本，有关个人所得税的问题要分以下几种情形进行处理：

（1）新股东以不低于净资产价格收购股权的，企业原盈余积累已全部计入股权交易价格，新股东取得盈余积累转增股本的部分，不征收个人所得税；

（2）新股东以低于净资产价格收购股权的，企业原盈余积累中，对于股权收购价格减去原股本的差额部分已经计入股权交易价格，新股东取得盈余积累转增股本的部分，不征收个人所得税；

（3）对于股权收购价格低于原所有者权益的差额部分未计入股权交易价格，新股东取得盈余积累转增股本的部分，应按照“利息、股息、红利所得”项目征收个人所得税。

新股东以低于净资产的价格收购企业股权后转增股本，应按照先转增应税的盈余积累部分，再转增免税的盈余积累部分的顺序进行。

（十一）关于资本公积金不能弥补亏损的规定

公积金是企业依照法律、公司章程和股东会决议从公司利润和其他收入中提取的，为保证公司以后正常经营的准备金。公司的公积金分为法定公积金、任意公积金和资本公积金。

顾名思义，法定公积金是依照《公司法》的规定从公司年度税后利润中按 10% 的比例提取的储备金。法定公积金累计额达到公司注册资本 50% 以上时，可不再提取。法定公积金的提取具有强制性和法定性。

任意公积金是指经股东会或者股东大会决议，公司可以从年度税后利润中提取的储备资金。

资本公积金主要通过股东投资、资本（或股本）溢价、接受现金捐赠、拨款转入、外币资本折算差额及其他原因取得，具有资本的属性。

对于公积金弥补亏损，2004年版的《公司法》第一百七十九条规定：“公司的公积金用于弥补公司的亏损，扩大公司生产经营或者转为增加公司资本。”但并未进一步明确用来弥补公司亏损的是法定公积金、资本公积金、盈余公积金还是其他公积金，因而公司用资本公积金弥补公司亏损并未违反当时《公司法》的规定。

2005年底，有媒体报道：“接近年关，昨日有17家亏损公司同时称，将用公积金弥补亏损，涉及的累计亏损额和拟弥补亏损额分别高达56.98亿元和49.6亿元。一直以来，这些公司弥补亏损不外乎采用盈余公积金和资本公积金两部分。”

由于用资本公积金弥补亏损不能反映企业的真实收益，同时损害了企业和股东的利益，因此，2005年修订后的《公司法》第一百六十九条明确规定：“公司的公积金用于弥补公司的亏损、扩大公司生产经营或者转为增加公司资本。但是，资本公积金不得用于弥补公司的亏损。”

为规避上述资本公积金不能弥补亏损的法律规定，有上市公司选择采取资本公积金转增股本同时缩股的方式弥补公司亏损。

【案例 3-17】甲上市公司（以下简称甲公司）2010、2011 年连续亏损，乙公司通过资产置换向其注入优质资产。但是，甲公司的亏损巨大，仅用利润和法定公积金、任意公积金弥补亏损，十年内公司是无法实现扭亏为盈的。同时，按照规定，公司有未弥补亏损的，不得向投资者分配利润。在这种情况下，甲公司选择减少公司资本以弥补亏损。该公司先以资本公积金向全体股东每 10 股转增 22 股，最后全体股东以每 10 股减 6 股的方式减资弥补亏损。

针对上述案例中的上市公司通过资本公积金转增股本同时缩股以弥补公司亏损的行为，2012 年中国证监会发布的《上市公司监管指引第 1 号——上市公司实施重大资产重组后存在未弥补亏损情形的监管要求》规定，公司资本公积金不得用于弥补亏损、不得采用资本公积金转增股本同时缩股方式弥补亏损。

第四章

股权激励与税

实务中，很多企业对生产经营中表现出色的员工，一般会采取发放奖金和颁发荣誉证书等物质奖励及精神奖励方式，但这两种传统的奖励方式对当下新成长起来的年轻员工来说已逐渐失去吸引力。企业要吸引人才、留住人才，让人才为企业的发展尽心尽力，还需改弦更张。而让人才有归属感，与企业共同成长，股权激励是一种很好的方式。

一、股权激励的形式与征税要求

所谓股权激励，是指企业用本企业的股票（权）对员工进行的激励。从税收角度来看，在股权激励的过程中，被激励者得到了低价取得的股权，获得了实实在在的利益，就需要按照规定缴纳税款。

（一）股权激励的形式

股权激励的形式主要包括股票（权）期权、限制性股票、股票增值权、股权奖励。

股票（权）期权，是指企业给予激励对象在一定期限内以事先约定的价格购买本企业股票（权）的权利。

限制性股票，是指企业按照预先确定的条件授予激励对象一定数量的本企业股权，激励对象只有工作年限或业绩目标符合股权激励计划规定的条件，才可以处置该股权。

股票增值权，是指企业给予员工在未来取得一定数量股票增值收益的权利。被授权人在约定条件下行权，企业按差价给授权人发放现金。

股权奖励，是指企业无偿授予激励对象一定份额的股权或一定数量的股份。

（二）股权激励的征税要求

员工通过股权激励形式取得的股权，实际上是企业发放给业绩表现突出员工的非现金或现金形式的补贴或奖金，属于个人因受雇而取得的工资薪金所得，应按照工资薪金所得在员工取得收入和补贴时交税。

员工行权后持有股票，自然也享有公司利润的分红权，因拥有股权而参与企业税后利润的分配，所取得的收入应按利息、股息、红利所得交税。

员工转让认购的股票或股权等有价证券取得所得时，应按照财产转让所得适用个人所得税征免规定，计算缴纳个人所得税。

二、非上市公司的股权激励

所谓非上市公司，是指没有在主板上市的公司。换句话说，虽然很多公司在创业板、Q板上市，但没在主板上市的，就不属于我们所说的上市公司，统统属于非上市公司。不论是上市公司还是非上市公司，都可以对员工进行股权激励，但在税收政策上，上市公司与非上市公司是不一样的。

（一）递延纳税的税收政策

符合条件的非上市公司对员工进行股权激励，在税收上可以享受递延纳税优惠政策。所谓递延纳税，是指纳税人根据税法的规定可将应纳税款推迟一定期限缴纳。而股权激励的递延纳税，是指员工在取得股权时可暂不纳税，递延至转让该股权时纳税。

1. 适用的税目与备案规定

员工转让股权，应按照股权转让收入减除股权取得成本及合理税费后的差额计算缴纳个人所得税，适用“财产转让所得”税目，税率为20%。应纳税额的计算公式如下：

应纳税额 = [股权转让收入 –（股权取得成本 + 合理税费）] ×20%

股票（权）期权取得成本按行权价确定，限制性股票取得成本按实际出资额确定，股权奖励取得成本为零。

这里要注意，能够享受税收优惠政策的股权激励仅限于股票（权）期权、限制性股票、股权奖励这三种形式，其他的股权激励形式不享受递延纳税政策。另外，企业股权激励虽然可以自行操作，但要享受相关的税收优惠政策，就必须按税法的规定执行。根据规定，企业的股权激励必须向主管税务机关备案，如果没有备案，则不能享受递延纳税的税收优惠政策。

【案例 4-1】王某是甲公司的财务总监，由于表现出色，2018年10月1日，甲公司对王某实施了股权激励，给予其4 000股股票期权，授予价格为每股1元。三年后，即2021年10月1日，王某行权，行权时该公司股权的公允价格为每股3元。在2023年9月1日，王某卖出所有股权，卖出价格为每股4元。

甲公司的股权激励符合财税〔2016〕101号文件规定的个人所得税递延纳税税收政策，王某应缴纳如下个人所得税：

王某应缴纳的个人所得税=（4–1）×4 000×20%=2 400（元）

2. 享受递延纳税政策的条件

（1）股权激励的主体只能是境内居民企业

可以享受股权激励递延纳税税收优惠政策的主体只能是境内居民企业。按照《企业所得税法》的规定，在我国注册的企业与在国外注册但管理机构在我国的企业，都属于居民企业。对于“管理机构”,《企业所得税法实施条例》给出的定义是，对企业的生产经营、人员、财务、财产等实施实质性全面管理和控制的机构。

居民企业又有境内与非境内之分。根据《国家税务总局关于境外注册中资控股企业依据实际管理机构标准认定为居民企业有关问题的通知》(国税发〔2009〕82号)的规定，符合下面四个条件的，应判定为实际管理机构在中国境内的非境内注册居民企业：

“(一)企业负责实施日常生产经营管理运作的高层管理人员及其高层管理部门履行职责的场所主要位于中国境内；

(二)企业的财务决策(如借款、放款、融资、财务风险管理等)和人事决策(如任命、解聘和薪酬等)由位于中国境内的机构或人员决定，或需要得到位于中国境内的机构或人员批准；

(三)企业的主要财产、会计账簿、公司印章、董事会和股东会议纪要档案等位于或存放于中国境内；

（四）企业 1/2（含 1/2）以上有投票权的董事或高层管理人员经常居住于中国境内。”

（2）应制订股权激励计划

为了防止企业暗箱操作，根据《财政部 国家税务总局关于完善股权激励和技术入股有关所得税政策的通知》（财税〔2016〕101 号）的规定，企业在实施股权激励时，应制订股权激励计划，股权激励计划应列明激励目的、对象、标的、有效期、各类价格的确定方法、激励对象获取权益的条件、程序等。

股权激励计划必须经过公司董事会、股东（大）会审议通过。未设股东（大）会的国有单位，必须经上级主管部门审核批准。

没有制订股权激励计划；或者制订了股权激励计划但计划未经有关部门批准，或计划没有明确目的、对象、标的、有效期等内容的，股权激励不能享受递延纳税的税收优惠政策。

（3）股权激励的标的要求及例外情况

在现代企业制度下，所有企业都有股权，对员工进行股权激励，就涉及用谁的股权进行激励的问题。

①标的要求

也许有人会说："当然是用本企业的股权进行员工股权激励了，难道还会用其他企业的股权激励自己企业的员工吗？更何况，你有权利处分其他企业的股权吗？"

现实中还真有这样的事情发生。例如，集团公司用子公司的股权激励集团公司的员工，企业利用关联企业的股权激励本企业的员工等。这样的股权激励也不能说它是错的，本来股权激励就是企业自身的行为，只要双方愿意即可。但企业要享受递延纳税政策，就必须遵守税法的规定，按税法的要求办理，这时用谁的股权进行激励就成了一个关键的问题。

按税法规定，用于激励的股权只能是境内居民企业本企业的股权。换句话说，如果用非居民企业、非境内注册居民企业、关联企业等的股权进行激励，是不能享受递延纳税政策的。

② 例外情况

企业持有用技术成果投资入股到其他境内居民企业所取得的股权，在用该股权通过股权奖励方式奖励本企业员工时，可以享受递延纳税的优惠政策。该种股权激励须具备以下三个条件：

第一，股权激励方式必须是股权奖励，其他激励方式不适用该规定；

第二，必须是企业有技术成果投资入股的股权，现金入股取得的股权不适用该规定；

第三，被技术成果投资入股的企业必须是境内居民企业，非居民企业以及非境内注册居民企业不适用该规定。

上述技术成果，是指专利技术，计算机软件著作权，集成电路布图设计专有权，植物新品种权，生物医药新品种权，科技部、财政部、国家税务总局所确定的其他科技成果权。

（4）股权激励的授予方式

企业股权激励需要通过什么样的方式才能授予激励对象，简单来说，怎样才能将股权装入激励对象的口袋呢？按规定，股权激励的授予方式有以下三种。

一是增发股票。增发股票应是定向增发，即向符合条件的特定投资者非公开发行股份的行为。所谓符合条件的特定投资者，实质上就是股权激励的对象。

二是大股东直接让渡。这种授予方式是由企业的大股东将股权让出来一部分，用于股权激励。大股东可能是自然人，也可能是公司或合伙企业。

自然人股东出让股票（权），涉及个人所得税问题。按照《股权转让所得个人所得税管理办法（试行）》的规定，股权转让收入明显偏低且无正当理由的，税务机关可以核定收入。

对于什么是正当理由，该办法列举了四种情况，其中第四种情况为“股权转让双方能够提供有效证据证明其合理性的其他合理情形”。股权激励若以正常价格转让，就失去了激励的意义，因此，低价转让应属股权激励的应有之意，既然税法对股权激励是认可的，那么自然人大股东低价或无偿让渡股票（权），应该属于其他合理情形。

公司作为大股东出让股票，涉及企业所得税问题；而合伙企业作为大股东出让股票，则涉及个人所得税问题。

三是法律法规允许的其他合理方式。

（5）股权激励对象应是特定的人群

非上市公司进行股权激励，激励对象应是特定的人群，换句话说，不是谁都能成为激励对象的。那么，究竟谁能享受股权激励带来的利益呢？

一是由公司董事会或股东（大）会决定的技术骨干。对于什么样的人员属于技术骨干，税法将最后的决定权交给了公司的董事会和股东（大）会，由它们决定谁是技术骨干。

二是由董事会或股东（大）会决定的高级管理人员。按《公司法》的规定，公司的高级管理人员是指公司管理层中担任重要职务、负责公司经营管理、掌握公司重要信息的人员，主要包括经理、副经理、财务负责人，上市公司董事会秘书和公司章程规定的其他人员。“公司章程规定的其他人员”这一项赋予了公司自治的权利，允许公司自己选择管理方式，聘任高级管理人员，但是，这些人员（职位）必须在公司章程中加以明文规定。

虽然税法把公司高级管理人员的最后决定权交给了公司董事会和股东（大）会，但《公司法》对公司高级管理人员的认定标准，企业应当予以执行。

股权激励除了明确激励对象，还必须明确激励对象的占比。按规定，股权激励对象人数累计不得超过本公司最近六个月在职职工平均人数的30%。

（二）股权激励需要关注的时间节点

为防止企业滥用股权激励，保障国家税款的安全，税法对股权激励中的几个时间节点做出了明确规定。按规定，股权激励计划中必须注明下列时间节点。

1. 股票（权）期权

股票（权）期权的激励对象自股票（权）授予日起应持有满三年，且自行权日起持有满一年。但股票（权）期权自授予日至行权日的时间不得超过十年。

例如，甲公司于2019年1月1日授予技术骨干陈某股权期权1万股。陈某必须到2022年1月1日才能购买这1万股，到2023年1月1日才能出售。如果不满足这两个时间节点的要求，陈某就不能享受递延纳税的税收优惠政策。

2. 限制性股票

限制性股票自授予日起应持有满三年，且解禁后持有满一年。限制性股票与股票（权）期权不一样的地方在于，限制性股票有个限售期，也就是说激励对象行权后，在限售期内不能出售股票，解禁后才能出售。而只有在解禁后持股满一年，才能享受递延纳税的税收优惠政策。

3. 股权奖励

股权奖励自获得奖励之日起应持有满三年。

（三）股权激励的“负面清单”

股权激励的“负面清单”是专门为其中的股权奖励所设定的。企业若在“负面清单”所列举的范围内，其所进行的股权奖励不能享受递延纳税的税收优惠政策。

（1）进行股权奖励的企业所处的行业不能在“负面清单”中。

（2）用于股权奖励的股票（权）所属的企业所处行业也不能在“负面清单”中。

（3）按规定股权激励只能用本企业的股票（权）执行，但对股权奖励有例外规定。

企业如果有用技术成果投资入股到其他境内居民企业所取得的股权，那么可以使用该股票（权）奖励被激励人员。要享受递延纳税的税收优惠政策，实施股权奖励的企业及其奖励股权标的企业所属行业均不能在《股权奖励税收优惠政策限制性行业目录》内。而对企业所属行业的认定，应按企业上一纳税年度主营业务收入占比最高的行业确定。

三、上市公司的股权激励

上市公司的股权激励在激励的方式上与非上市公司基本没有区别，但在税收政策上却有很大的不同。

（一）股票期权

上市公司的股票期权是指按照规定程序授予本公司及其控股公司员工（激励对象）在未来时间内以预先确定的价格和条件购买本公司一定数量股票的权利。激励对象可以行使或放弃这些权利。股票主要来源于企业对激励对象的定向增发或者是大股东的转让。

1. 时间节点

在计算缴纳个人所得税时，企业应注意几个时间节点：授予日、可行权日、行权日、出售日。

授予日：指上市公司授予员工股票期权的时间。

可行权日：指可行权条件得到满足的时间。

行权日：指员工根据约定价格购买股票的时间。

出售日：指员工将行权后股票卖出的时间。

2. 股票期权的分类

股票期权分为可公开交易的股票期权和不可公开交易的股票期权。

可公开交易的股票期权是指在授权时即约定可以转让，且已在境内或境外公开市场挂牌交易的股票期权。

不可公开交易的股票期权是指在授权时即约定只有满足一定条件，达到一定期限才能行使该期权的股票期权。

3. 税款的征收

对于可公开交易的股票期权，需要在授权日按工资薪金所得计算缴纳个人所得税；对于不可公开交易的股票期权，需要在行权日按工资薪金所得计算缴纳个人所得税。

（1）应纳税所得额的计算

应纳税所得额 =（行权股票每股市场价 − 员工取得该股票期权支付的每股施权价）× 股票数量

其中，市场价是指行权当日股票的收盘价，若取得股票的当日为非交易日，按上一个交易日的收盘价确认；施权价是指员工行使股票期权购买股票实际支付的每股的价格，该价格可能是约定的价格，也可能是折价购入股票期权时的实际支付价格。

（2）应纳税额的计算

应纳税额 = 股权激励收入（应纳税所得额）× 适用税率 − 速算扣除数

【案例 4-2】2021 年 2 月，李某被授予本公司股票期权，授权价为每股 1 元，股票 5 万股，规定两年后可行权。2023 年 3 月，行权当日，股票收盘价为每股 6 元。

若李某是居民个人，其个人所得税的应纳税额计算如下：

应纳税所得额 =（6–1）×50 000=250 000（元）

应纳税额 =250 000×20%–16 920=33 080（元）

对非居民个人，一个月内取得股权激励所得，单独计算当月收入额，不与当月其他工资薪金合并的，按六个月分摊计税（一个公历年度内的股权激励所得应合并计算），不减除费用，适用月度税率表计算应纳税额。计算公式如下：

当月股权激励所得应纳税额 =[（本公历年度内股权激励所得合计额 ÷6）×适用税率 – 速算扣除数]×6– 本公历年度内股权激励所得已纳税额

【案例 4-3】李先生是非居民个人，2020 年 1 月，其取得境内企业支付的股权激励所得 12 万元；2020 年 4 月，又取得境内企业支付的股权激励所得 18 万元。不考虑其他因素，李先生的境内股权激励所得个人所得税的应纳税额计算如下：

2020 年 1 月的应纳税额 =［（120 000 ÷ 6）× 20% –1 410］× 6=15 540（元）

2020年4月的应纳税额=［（120 000+180 000）÷ 6 × 30% – 4 410］× 6–15 540=48 000（元）

4. 员工转让个人股票

企业员工也可以转让自己通过股权激励取得的股票，分为行权前转让与行权后转让。

（1）行权前转让

行权前转让，如果转让的是不可公开交易的股票期权，其转让所取得的收入应按工资薪金所得交税。应纳税额的计算参照行权时取得所得的计算方式。如果转让的是可公开交易的股票期权，则应按财产转让所得交税。

（2）行权后转让

行权后转让，不论是可公开交易的还是不可公开交易的股票期权，均按财产转让所得缴纳个人所得税。境内上市公司的股票暂不征收个人所得税，境外上市的股票须按规定缴纳个人所得税。

行权后员工成了公司的股东，自然可以获得公司的分红派息。对于分红派息所得，按利息、股息、红利所得缴纳个人所得税。持股期限在一个月内的，按全额交税；持股期限在一个月以上至一年的，减按 50% 交税；持股期限超过一年的，暂免征收个人所得税。

（二）限制性股票

这里的限制性股票是指上市公司根据股权激励计划授予员工（激励对象）一定数量的公司股票，但是有条件限制，只有满足了相关条件，才可以出售这些股票并从中获益。

限制性股票在股票授予时已经登记在员工名下，但此时的股票还不是员工的，只有在满足相关条件，股票解禁后才真正属于员工，员工才可以通过市场交易获得收益。通常，税务机关对限制性股票在解禁之前不征税，股票解禁时按工资薪金所得征收个人所得税。应纳税所得额的计算公式为：

应纳税所得额 =（股票登记日股票市价 + 本批次解禁股票当日市价）÷ 2× 本批次解禁股票份数 – 激励对象实际支付的资金总额 ×（本批次解禁股票份数 ÷ 激励对象获取的限制性股票总份数）

其中，市价均为股票当日的收盘价。

【案例 4-4】2021 年 2 月，李某按公司的股权激励计划，以每股 1 元的价格购入并持有公司限制性股票 4 万股，该股票已登记，当日股票收盘价为每股 3 元。2023 年 3 月，其中 1 万股解禁，当日收盘价为每股 4 元。此次股票解禁李某的应纳税所得额为：

应纳税所得额 =（3+4）÷ 2 × 10 000 – 40 000 ×（10 000 ÷ 40 000）=25 000（元）

根据《财政部 税务总局关于延续实施上市公司股权激励有关个人所得税政策的公告》（财政部 税务总局公告2023年第25号）的规定，在2027年12月31日前，股权激励的收入不并入当年综合所得，全额单独适用综合所得税率表计算缴纳个人所得税。

（三）股票增值权

股票增值权是上市公司给予被激励的员工，在未来一定期限内或一定条件下，获得一定数量股票价格上升所带来收益的权利。

股票增值权的概念读起来非常拗口，为便于理解，下面举例进行说明。

【案例 4-5】甲公司为激励本公司员工王某，授予了王某100股公司股票的增值权。王某对这100股股票既不享有所有权，也不享有分红权，只是在股票增值时，增值的那部分收益归王某所有。如果股票下跌了，王某也就没有收益了。

股票增值权授予被激励的员工后，如果确实增值了，就需要缴纳个人所得税。缴纳个人所得税的时间是上市公司向被激励员工兑现股票增值收益的时间，即被激励员工什么时候拿到钱，就什么时候缴纳个人所得税。其应纳税所得额的计算公式如下：

应纳税所得额 =（行权日股票价格 − 授权日股票价格）× 行权股票份数

应纳税额 = 股权激励收入 × 适用税率 − 速算扣除数

（四）股权奖励

股权奖励是股权激励四种形式中最简单、最直接的一种。简单来说，就是企业将本企业一定份额的股票，无偿赠予被激励员工。被激励员工拿到股票就相当于拿到了现金，自然要缴纳个人所得税。

股权奖励的纳税义务发生时间，就是被激励员工拿到股票的时间。换句话说，员工什么时候拿到了股票，纳税义务就什么时候发生，就需要申报缴纳个人所得税了。其应纳税所得额的计算公式如下：

应纳税所得额 = 取得奖励股票的每股市场价 × 股票的数量

（五）税收优惠

对于上市公司的股权激励，在税收上有一定的优惠，主要的形式是延长纳税期限，也就是前面所讲的递延纳税，但上市公司股权激励的递延纳税与非上市公司是不一样的。

按照财税〔2016〕101 号文件的规定，对于股票期权、限制性股票、股权奖励，在向主管税务机关申请备案后，个人可自股票期权行权之日、限制性股票解禁之日、取得股权奖励之日起，在不超过 12 个月的期限内缴纳个人所得税。但享受这一税收优惠政策的公司，仅限于其股票在上海证券交易所、深圳证券交易所上市交易的股份有限公司。

之所以有这样的税收优惠，是因为这三种股权激励形式，纳税人在纳税义务发生时所取得的只是一种权利，而没有实实在在的现金流入。从量能课税的原则出发，递延纳税是相对公平的一种选择。

值得注意的是，股权激励中股票增值权的激励形式不享受递延纳税政策。因为股票增值权激励对象取得的是现金，不存在没有钱交税的问题，所以纳税人在取得利益的同时，就应当申报纳税。

第五章

企业重组的税务处理

在市场经济条件下，企业为了做大做强，会选择通过股权优化、资产优化、债务优化、管理优化等实现资源的最佳配置，从而实现企业资产的保值和增值，增强企业在市场竞争中的地位。当下，企业优化重组是一种非常普遍的经济现象。

一、企业重组的概念及认定

企业在优化重组过程中，由于涉及股权、资产及负债等权属的变更，因此必然存在大量的税收问题。对于这些税收问题，企业应给予足够的关注，因为一旦处理错误，就可能会影响企业的重组效果，甚至关系到企业重组的成败。

目前，税收政策对企业重组没有一个统一明确的概念，不同的税种有不同的规定，具体如下所述。

（一）在企业所得税上——企业重组

相较于其他税种，在企业所得税上，相关政策给了企业重组一个明确的概念，即《财政部 国家税务总局关于企业重组业务企业所得税处理若干问题的通知》（财税〔2009〕59号）规定："本通知所称企业重组，是指企业在日常经营活动以外发生的法律结构或经济结构重大改变的交易，包括企业法律形式改变、债务重组、股权收购、资产收购、合并、分立等。”

也许有人会说，既然企业所得税对企业重组有了这样一个明确的概念，那么其他的税种也应当适用这个概念，但目前来看，各税种对企业重组规定了不同的内容，甚至连称呼都不一样。

（二）在增值税上——资产重组

按照增值税相关政策的规定，纳税人在资产重组过程中，通过合并、分立、出售、置换等方式，将全部或部分实物资产以及其他相关联的债权负债和劳动力一并转让给其他单位和个人，不属于增值税的征收范围，其中涉及的货物转让不征收增值税。

从上述政策规定来看，增值税上只有对资产重组的认定。其内容与企业所得税也不完全一样。

（三）在土地增值税、契税与印花税上——企业改制

在土地增值税、契税与印花税上，没有企业所得税中企业重组以及增值税中资产重组的概念，而只对企业改制做出了认定。相关内容是：“企业按照《中华人民共和国公司法》有关规定整体改制，包括非公司制企业改制为有限责任公司或股份有限公司，有限责任公司变更为股份有限公司，股份有限公司变更为有限责任公司。”

对于不同税种中的不同称呼，是否都可认定为企业重组，目前尚无定论，但为了方便说明与分析，本书统称为企业重组。

二、企业重组与企业所得税

企业所得税指的是法人所得税，纳税主体不包括合伙企业与个人独资企业。虽然都称之为企业，但在税收上合伙企业和个人独资企业交的是个人所得税，不交企业所得

税。因此，企业重组过程中涉及的所得税问题，包含了两层意思：首先，企业是法人企业，即公司制企业，不包括合伙企业、个人独资企业及个体工商户；其次，涉及的税种是企业所得税，不包括个人所得税。

根据财税〔2009〕59号文件对企业重组的定义，企业重组的第一种方式就是企业法律形式改变。

（一）企业法律形式改变

企业法律形式改变分为法律形式的简单改变与企业性质的改变两种情况。

1. 法律形式的简单改变

法律形式的简单改变包括企业名称的改变、企业注册地的改变等。例如，某企业的名称由甲公司变更为乙公司，注册地由甲地变更为乙地等。对于企业发生法律形式简单改变的，其税收规定如下。

（1）直接变更税务登记，即在税务登记上直接变更企业名称或注册地等内容。

（2）有关企业所得税纳税事项（包括亏损结转、税收优惠等权益和义务）由变更后的企业承继，另有规定的除外。

（3）企业因注册地发生变化而不符合税收优惠条件的，不能继续享受税收优惠政策。例如，企业原注册地在我国西部地区，可以享受西部大开发的税收优惠政策，但变更注册地后不属于西部地区了，也就不能继续享受西部大开发税收优惠政策。

2. 企业性质的改变

企业性质的改变是指企业由法人转变为个人独资企业、合伙企业等非法人组织，或将登记注册地转移至中华人民共和国境外（包括港澳台地区）。

企业由个人独资企业、合伙企业转变为法人企业的，不适用该规定。

企业性质的改变应视同企业进行清算、分配，股东重新投资成立新企业。企业的全部资产以及股东投资的计税基础均应以公允价值为基础确定。

全民所有制企业的改制

在现代企业制度的建设过程中，全民所有制企业的公司制改制是一种常态。通常情况下，从一种法律形式变更为另一种法律形式，其中必然会涉及税收问题。

国家税务总局在2017年专门出台了《国家税务总局关于全民所有制企业公司制改制企业所得税处理问题的公告》（国家税务总局公告2017年第34号），对全民所有制企业的公司制改制做出了明确规定。

第一，改制的性质。全民所有制企业的公司制改制属于企业重组中法律形式的简单改变。

第二，改制的条件。改制必须是全民所有制企业改制为国有独资公司或国有全资子公司，即无论是改制前还是改制后，企业都100%属于国家所有。

第三，改制的企业所得税政策。改制中资产评估增值的部分，不计入应纳税所得额；资产的计税基础按其原有计税基础确定。同时，资产增值部分的折旧或者摊销额不得在企业所得税税前扣除。

第四，改制的税收管理。改制企业资产评估增值的相关材料由改制后的企业留存备查。

（二）债务重组

在生产经营过程中，企业负债经营是很正常的现象，但负债超过一定限度后，企业就无法继续经营下去了。在这种情况下，企业如果不申请破产，就必须进行债务重组，方能继续生产经营下去。

所谓债务重组，简单来讲就是债务人欠的债太多，还不起了，由债权人与债务人双方协商或者经法院裁定，达成债权人少收一点，债务人少还一点的协议。

在债务重组中，债务人既可以采取以非货币性资产清偿债务，也可以采取将债权转为股权等方式完成债务重组，或者采取两种以上的方式完成债务重组。

企业的债务重组在企业所得税上有两种处理方式，即一般性税务处理和特殊性税务处理。

1. 一般性税务处理

债务重组的一般性税务处理又分为减免债务、以非货币性资产抵偿债务、债权转为股权三种形式。

（1）减免债务

对减免债务的，就减免金额，债权人确认损失，债务人确认所得。

（2）以非货币性资产抵偿债务

以非货币性资产抵偿债务的，应分别按以下两个步骤进行处理：

第 1 步，以公允价值转让非货币性资产；

第 2 步，以转让取得的资金清偿债务。

债务人确认非货币性资产转让所得及债务重组所得，债权人确认债务重组损失。

【案例 5-1】甲公司欠乙公司 100 万元，无力偿还，决定以公司的一辆汽车抵偿债务。操作步骤如下：

首先，以公允价值 80 万元出售小汽车；

其次，用 80 万元抵偿乙公司债务。

甲公司确认债务重组所得 20 万元，乙公司确认债务重组损失 20 万元。

（3）债权转为股权

对债权转为股权的，应分别按以下两个步骤进行处理：

第 1 步，清偿债务；

第 2 步，股权投资。

债务人应当按照支付的债务清偿额低于债务计税基础的差额，确认债务重组所得；债权人应当按照收到的债务清偿额低于债权计税基础的差额，确认债务重组损失。

【案例 5-2】甲公司欠乙公司 100 万元，无力偿还。甲乙公司达成债权转股权协议，将乙公司的 100 万元债权转为乙公司对甲公司的投资，取得甲公司 100 万股股权。100 万股股权的公允价值只有 90 万元，则甲公司确认债务重组所得 10 万元，乙公司确认债务重组损失 10 万元。

2. 特殊性税务处理

企业的债务重组要适用特殊性税务处理，必须先满足以下两个条件：

第一，具有合理的商业目的，且不以减少、免除或者推迟缴纳税款为主要目的；

第二，企业重组后连续 12 个月内不改变重组资产原来的实质性经营活动。

在满足以上两个条件的情况下，特殊性税务处理同样分为减免债务、以非货币性资产抵偿债务、债权转为股权三种形式。

（1）减免债务

如果债务人所得到的减免金额能够达到该企业年应纳税所得额的 50% 以上，那么所减免的金额应在五个纳税年度内均匀地计入应纳税所得额。

【案例 5-3】甲公司欠乙公司 90 万元，双方达成债务重组协议。乙公司减免甲公司债务 50 万元。甲公司当年应纳税所得额为 100 万元。那么，按规定，甲公司所取得的 50 万元不能一次性计入公司当年的应纳税所得额，而应在五年内均匀地计入该公司应纳税所得额。乙公司确认债务重组损失 50 万元。

（2）以非货币性资产抵偿债务

如果债务人债务重组确认的应纳税所得额达到企业年应纳税所得额的 50% 以上，那么债务重组所得应在五个纳税年度内均匀地计入应纳税所得额。

【案例 5-4】甲公司欠乙公司 90 万元，双方达成债务重组协议。甲公司以公司的一辆汽车抵偿债务 40 万元。那么，甲公司债务重组所得为 50 万元。甲公司当年应纳税所得额为 100 万元。这种情况下，甲公司债务重组取得的 50 万元就不能一次性计入公司当年的应纳税所得额，而应在五年内均匀地计入该公司应纳税所得额。乙公司确认债务重组损失 50 万元。

（3）债权转为股权

债权转为股权的特殊性税务处理是指，债务人不确认所得，债权人也不确认损失，这种情形下股权投资的计税基础以原债权的计税基础确定。企业的其他相关方所得税事项保持不变。

（三）股权收购

毫无疑问，股权收购是企业重组非常重要的一种方式。例如，甲企业通过购买乙企业的股权，以实现对乙企业的控制，这就是股权收购。作为股权收购方，可以采取以股权支付、非股权支付，或者两种组合的方式来完成对被收购企业的收购。股权收购的主体包括收购方（甲方）、转让方（乙方）以及目标公司（被收购企业）。

股权收购在企业所得税上同样采取一般性税务处理和特殊性税务处理方式。

1. 一般性税务处理

转让方：按规定确认股权转让所得或损失。

收购方：对取得的股权以其公允价值确定计税基础。

被收购企业：原则上相关企业所得税事项与被收购前保持不变。

2. 特殊性税务处理

（1）适用条件

① 具有合理的商业目的，且不以减少、免除或者推迟缴纳税款为主要目的。

② 收购企业购买的股权不低于被收购企业全部股权的50%。

③ 企业重组后连续 12 个月内不改变重组资产原来的实质性经营活动。

④ 收购企业在该股权收购发生时的股权支付金额不低于其交易支付总额的 85%。

⑤ 企业重组中取得股权支付的原主要股东（指原持有转让企业或被收购企业 20% 以上股权的股东），在重组后连续 12 个月内，不得转让所取得的股权。

（2）特殊性税务处理规定

作为转让方，其从收购方取得的对价中的股权支付部分暂不确认所得或损失，非股权支付部分应计算确认当期所得或损失。

作为收购方，暂不确认股权支付部分的转让所得或损失，对取得的被收购企业股权的计税基础，以被收购股权的原有计税基础确定；对非股权支付部分，应在交易当期确认相应的资产转让所得或损失，并调整被收购股权的计税基础。

收购方与被收购方的原有各项资产和负债的计税基础和其他相关所得税事项保持不变。

（四）资产收购

在企业重组的过程中，资产收购也是重组的一种重要形式。顾名思义，资产收购就是指一家企业购买另一家企业的资产，以达到对被收购企业控制的目的。

例如，甲企业通过购买乙企业 100% 的资产，实现了对乙企业的控制。在资产收购的过程中，作为收购方的甲企业，可以用其股权来支付，也可以用货币性资产或者其他非货币性资产来支付。当然，还可以用股权支付一部分，用货币性资产支付另一部分。

通过资产收购方式实现企业重组，在税收处理上同样分为一般性税务处理和特殊性税务处理。

1. 一般性税务处理

企业重组过程中资产收购的一般性税务处理非常简单，与货物销售的税务处理没有太大区别，只是把货物换成了资产而已。作为被收购方，应当确认资产转让的所得和损失；而作为收购方，应以公允价值确认资产的计税基础。

2. 特殊性税务处理

（1）适用条件

适用特殊性税务处理的资产收购，必须同时满足以下五个条件：

① 具有合理的商业目的，且不以减少、免除或者推迟缴纳税款为主要目的；

② 收购方所收购的资产不低于转让企业全部资产的 50%；

③ 企业重组后连续 12 个月内不改变重组资产原来的

实质性经营活动；

④ 收购方在该资产收购发生时的股权支付金额不低于其交易支付总额的 85%；

⑤ 企业重组中取得股权支付的原主要股东（指原持有转让企业或被收购企业 20% 以上股权的股东），在重组后连续 12 个月内，不得转让所取得的股权。

（2）特殊性税务处理规定

对被收购方而言，从收购方取得的股权暂不确认所得或损失，但取得的货币性资产和其他非货币性资产，应计算确认当期所得或损失。

对收购方而言，暂不确认股权支付部分的所得或损失，对取得资产的计税基础，以被转让资产的原有计税基础确定。但非股权支付部分，应在交易当期确认资产转让所得或损失，并调整被转让资产的计税基础。

（五）企业合并

企业合并是企业重组的一种重要方式，即两家或两家以上的企业，用自己的所有资产和负债注册一个新的企业；或者将自己的全部资产和负债一并转让给其中的一个企业。被合并企业股东取得合并后企业的股权或其他资产。

企业合并在税收处理上也分为一般性税务处理和特殊性税务处理。

1. 一般性税务处理

一般性税务处理比较简单，即合并后的企业以被合并企业的资产和负债作为其计税基础。合并前企业的资产和负债是多少，合并后同样是多少，计税基础不会发生变化。

被合并企业要进行注销清算，按规定交税，并且亏损不能通过合并后的企业进行弥补。

2. 特殊性税务处理

（1）适用条件

企业合并要适用特殊性税务处理，必须同时满足以下四个条件：

① 具有合理的商业目的，且不以减少、免除或者推迟缴纳税款为主要目的；

② 企业重组后连续 12 个月内不改变重组资产原来的实质性经营活动；

③ 企业股东在该企业合并发生时取得的股权支付金额不低于其交易支付总额的 85%；

④ 企业重组中取得股权支付的原主要股东（指原持有转让企业或被收购企业 20% 以上股权的股东），在重组后连续 12 个月内，不得转让所取得的股权。

（2）特殊性税务处理规定

① 合并企业

* 作为合并企业，接受被合并企业资产和负债的计税基础以被合并企业的原有计税基础确定。这一点与一般性税务处理没有区别。

* 合并企业承继被合并企业合并前的相关企业所得税事项。

* 合并企业可以弥补被合并企业的亏损，可弥补限额为按税法规定的剩余结转年限内，每年可由合并企业弥补的被合并企业亏损的限额。其计算公式为：

可弥补限额 = 被合并企业净资产公允价值 × 截至合并业务发生当年年末国家发行的最长期限的国债利率

② 被合并企业的企业股东

* 作为被合并企业的企业股东，取得合并企业股权的计税基础以其原持有的被合并企业股权的计税基础

确定。

* 股权支付部分暂不确认有关资产的交易所得或损失。

* 非股权支付部分仍应在交易当期确认相应的资产转让所得或损失，并调整相应资产的计税基础。

（六）企业分立

所谓企业分立，是指企业（被分立企业）将部分或全部资产转让给现存或新设的企业（分立企业），被分立企业的股东取得分立企业的股权或非股权支付，以实现企业的重组。

在企业分立的过程中涉及的市场主体有被分立企业、分立企业以及被分立企业的法人股东。

企业采取分立方式进行重组的，在企业所得税上同样分为一般性税务处理和特殊性税务处理。

1. 一般性税务处理

被分立企业，对分立出去的资产应按公允价值确认资产转让所得或损失。

分立企业，应按公允价值确认接受资产的计税基础。

被分立企业的法人股东，在企业继续存在时，其取得的对价应视同被分立企业分配进行处理；被分立企业不再继续存在时，被分立企业及其股东都应按清算进行企业所得税处理。

企业分立相关方的亏损不得相互结转弥补。

2. 特殊性税务处理

（1）适用条件

① 具有合理的商业目的，且不以减少、免除或者推迟缴纳税款为主要目的。

② 企业重组后连续 12 个月内不改变重组资产原来的实质性经营活动。

③ 被分立企业的股东在该企业分立发生时取得的股权支付金额不低于其交易支付总额的 85%。被分立企业所有股东按原持股比例取得分立企业的股权，分立企业和被分立企业均不改变原来的实质性经营活动。

④ 企业重组中取得股权支付的原主要股东（指原持有转让企业或被收购企业 20% 以上股权的股东），在重组后连续 12 个月内，不得转让所取得的股权。

（2）特殊性税务处理规定

① 作为分立企业，接受被分立企业资产和负债的计税基础，以被分立企业的原有计税基础确定。

② 作为被分立企业，已分立出去的资产相应的企业所得税事项由分立企业承继；未超过法定弥补期限的亏损额可按分立资产占全部资产的比例进行分配，由分立企业继

续弥补。

③ 被分立企业的法人股东，取得的分立企业的股权（以下简称“新股”）按以下规定处理。

* 如需部分或全部放弃原持有的被分立企业的股权（以下简称“旧股”），“新股”的计税基础应以放弃“旧股”的计税基础确定。

* 如不需放弃“旧股”，则其取得“新股”的计税基础可从以下两种方法中选择确定：直接将“新股”的计税基础确定为零；或者按被分立企业分立出去的净资产占被分立企业全部净资产的比例，先调减原持有的“旧股”的计税基础，再将调减的计税基础平均分配到“新股”上。

④ 股权支付暂不确认有关资产的交易所得或损失。

⑤ 非股权支付额仍应在交易当期确认相应的资产转让所得或损失，并调整相应资产的计税基础。

三、资产划转与企业所得税

资产划转也是企业重组的一种形式，但在企业所得税上有着特殊的规定，并不是所有企业之间的股权、资产划转都属于企业所得税上的资产划转。在企业所得税上，股权、资产划转只发生在有隶属关系的企业之间；没有任何隶属关系的企业之间，只存在股权、资产的转让，而不存在股权、资产的划转。

财税〔2014〕109 号文件在关于股权、资产划转的规定中，强调划转的主体必须是 100% 直接控制的居民企业之间，以及受同一或相同多家居民企业 100% 直接控制的居民企业之间，并要求按账面净值划转股权或资产。

《国家税务总局关于资产（股权）划转企业所得税征管问题的公告》（国家税务总局公告 2015 年第 40 号）也对股权、资产划转的情形做出了进一步明确：将股权、资产的划转，根据股权、资产流向的不同，分为母公司划转给子公司（母公司转子公司），子公司划转给母公司（子公司转母公司），在母公司主导下子公司之间相互划转（子公司转子公司）三种类型。

（一）特殊性税务处理

集团公司内部的股权、资产划转，根据财税〔2014〕109号文件的规定，划转股权、资产的企业之间符合以下条件的，可以选择适用特殊性税务处理。

1. 适用条件

（1）股权、资产的转让方和受让方是双方之间存在100%直接控制关系的居民企业，或者是受同一或相同多家居民企业100%直接控制的居民企业。因此，股权、资产划转的双方都必须是居民企业，非居民企业不属于股权、资产划转的范畴，也不享受特殊性税务处理政策。

（2）股权、资产的划转应当具有合理的商业目的，即基于企业正常生产经营的需要，而不以减少、免除或者推迟缴纳税款为主要目的。

（3）股权、资产划转后连续 12 个月内不改变被划转股权或资产原来的实质性经营活动。股权、资产划转后，企业的经营在一年内是连续的，如生产汽车的企业继续生产汽车，经营酒店的企业继续经营酒店等。

（4）转让方和受让方均未在会计上确认损益。

2. 特殊性税务处理规定

（1）转让方和受让方均不确认所得。股权、资产的划转，划出方若不是无偿划转，而是要求划入方支付一定对价（如股权、资产等），在特殊性税务处理的条件下，无论是划出方取得的对价，还是划入方取得的股权或资产，双方均不确认所得。

（2）受让方取得被划转股权或资产的计税基础，以被划转股权或资产的原账面净值确定。例如，甲公司将持有 C 公司的股权划转给乙公司，那么乙公司入账的股权价值与甲公司的账面净值是一样的。若甲公司的账上是 100 万元，乙公司的账上也应该是 100 万元。

（3）受让方取得的被划转资产，应按其原账面净值计算折旧扣除。股权不存在折旧的问题，但若划转的是资产，则存在折旧问题。划入资产折旧的计算基数应按划出方账面净值确认。

（二）母公司转子公司

股权、资产划转第一种类型便是母公司转子公司，即作为母公司的集团公司，将股权和资产划转给子公司。这里又分为以下两种情况。

1. 子公司支付公司股权作为对价

母公司将股权或资产按账面净值划转给子公司，同时子公司也支付公司股权作为对价。这种情况下有个先决条件，即母公司对子公司的控股是 100% 的，同时子公司支付给母公司的对价100%是股权。相关税务处理如下。

（1）母公司的税务处理

① 母公司划转的股权或资产，按增加长期股权投资处理。也就是说，母公司划出的股权、资产是一种长期股权投资行为，以后母公司要据此取得股息和分红。

② 母公司获得子公司股权的计税基础以划转股权或资产的原计税基础确定。

（2）子公司的税务处理

子公司接受母公司划转的股权或资产，按接受投资（包括资本公积）进行税务处理。

（3）不符合特殊性税务处理条件

若交易一方在股权或资产划转完成日后连续12个月内发生生产经营业务、公司性质、资产或股权结构等情况变化，致使股权或资产划转不再符合特殊性税务处理条件的，应当做出如下处理：

① 母公司应按原划转完成时股权或资产的公允价值，视同销售处理，并按公允价值确认取得长期股权投资的计税基础；

② 子公司按公允价值确认划入股权或资产的计税基础。

2. 母公司没有获得任何股权或非股权支付

母公司向子公司按账面净值划转其持有的股权或资产，母公司没有获得任何股权或非股权支付的，母公司按冲减实收资本（包括资本公积）处理，子公司按接受投资处理。

不再符合特殊性税务处理条件的，母公司应按原划转完成时股权或资产的公允价值，视同销售处理；子公司按公允价值确认划入股权或资产的计税基础。

（三）子公司转母公司

股权、资产的划转可以是母公司划给子公司，也可以是子公司划给母公司。不论是母转子还是子转母，只要符合税收规定的条件，就可以适用特殊性税务处理政策。

1. 划转的条件

同母公司转子公司的股权、资产划转规定一样，子公司转母公司也必须发生在100%直接控制的母子公司之间，并且要按公司账面的净资产划转。同时，还要符合股权、资产划转的特殊性税务处理条件。

2. 划转的税务处理

股权、资产划转应分以下两种情况进行税务处理。

（1）子公司没有获得任何股权或非股权支付的，母公司按收回投资处理，或按接受投资处理，子公司按冲减实收资本处理。母公司应按被划转股权或资产的原计税基础，相应调减持有子公司股权的计税基础。

（2）不再符合特殊性税务处理条件的，母公司应按撤回或减少投资处理，子公司按原划转完成时股权或资产的公允价值，视同销售处理。

（四）子公司转子公司

子公司转子公司也是股权、资产划转的一种方式。

1. 需要具备的条件

子公司将股权、资产划转给其他子公司必须具备以下两个前提条件。

（1）双方都有一个共同的母公司，如甲公司 100% 直接控制 A、B 两个子公司。

（2）双方有两个相同的母公司，如甲、乙公司同时持有 A 公司 100% 股权，又同时持有 B 公司 100% 股权。在母公司主导下，一家子公司向另一家子公司按账面净值划转其持有的股权或资产，划出方没有获得任何股权或非股权支付。

2. **税务处理**

根据国家税务总局公告 2015 年第 40 号的规定，股权、资产的划出方与划入方需分别做出税务处理。

符合特殊性税务处理条件的，划出方按冲减所有者权益处理，划入方按接受投资处理。

不符合特殊性税务处理条件的，划出方应按原划转完成时股权或资产的公允价值，视同销售处理；母公司根据交易情形和会计处理对划出方按分回股息进行处理，或者按撤回或减少投资进行处理，对划入方按以股权或资产的公允价值进行投资处理。

划入方按接受母公司投资处理的，以公允价值确认划入股权或资产的计税基础。

四、与企业重组相关的其他税种

在企业重组的过程中，不仅涉及企业所得税，还涉及增值税、土地增值税等其他一些税种。

（一）增值税

众所周知，增值税是对交易过程中的增值额征收的流转税，不论是货物、不动产、无形资产的买卖，还是劳务、服务的提供，只要是交易都属于增值税的征收范围。

例如，事业单位改制为公司，必然会涉及包括房屋、设备等资产属性的变更，即资产由事业单位所有变为企业所有，而资产所有权的变更就会涉及增值税的问题。但事业单位的改制重组与交易毕竟是两个不同的概念。从表面上看，企业重组后的资产所有权的确发生了变化，但若无其他资金的注入，也仅涉及名称的变更，所有权实质上没有变化，因此而征税，在法理上站不住脚。

对纳税人在资产重组过程中资产的变化，增值税上有特别的规定。如前文所讲，纳税人在资产重组过程中，通过合并、分立、出售、置换等方式，将全部或者部分实物资产及与其相关联的债权、负债和劳动力一并转让给其他单位和个人的，不属于增值税的征税范围，其中涉及的货物转让、不动产及土地使用权转让行为，不征收增值税。

这里要注意，按上述规定，仅对货物转让、不动产及土地使用权转让行为不征收增值税，但对其他的转让行为，如采矿权、无形资产等的转让，需要征收增值税。

（二）土地增值税

在我国目前的18个税种中，专门针对房地产征税的税种相对较多，包括契税、城镇土地使用税、房产税、耕地占用税和土地增值税。在这些专门针对房地产征税的税种中，土地增值税无疑是征税范围最大、征税数额最多的一个。

所谓土地增值税，是对转让国有土地使用权、地上的建筑物及其附着物并取得收入的单位和个人征收的一种税。

事业单位改制重组为企业，其土地、房产均会涉及产权的变更，自然也会涉及土地增值税的问题。那么，土地增值税究竟是征还是免征，关键要看改制重组后的企业的股权结构。

如果事业单位改制重组为国有独资企业，投资主体仍然是原来的投资主体，并承继原事业单位的权利、义务，那么土地、房屋的权属变更为改制重组后的企业时，暂不征收土地增值税。但若改制重组为国有控股企业，或者是民营企业，或者改制重组后的企业是房地产开发企业，则不享受暂免征收土地增值税的税收优惠政策。

（三）契税

所谓契税，是指土地、房屋的产权发生变更时，按当事人双方签订契约所确定交易价格的一定比例，向买方（产权承受人）征收的一种税。

事业单位改制为企业，除了无房无地的，都会涉及土地使用权及房屋产权的变更问题。也就是说，将原有事业单位的房屋、土地变更到新企业的名下，就会涉及征收契税的问题。但是，按规定事业单位改制为企业，若能满足一定的条件，可以享受免征契税的优惠。

根据《财政部 税务总局关于继续执行企业 事业单位改制重组有关契税政策的公告》（财政部 税务总局公告 2021 年第 17 号）的规定，事业单位按照国家有关规定改制为企业，原投资主体存续并在改制后企业中出资（股权、股份）比例超过 50% 的，对改制后企业承受原事业单位土地、房屋权属，免征契税。

例如，甲研究院按上级要求改制为 A 有限责任公司。在 A 有限责任公司中，甲研究院占到股份的 51%、投资公司占 49%。那么，甲研究院将土地和房屋过户到 A 有限责任公司名下，就可以享受免征契税的税收优惠。

（四）印花税

所谓印花税，就是对书立应税凭证、进行证券交易征收的一种税。例如，对企业的资金账簿、合同等征税。

印花税是个小税种，不仅是因为其征税范围比较小，更因为其征税的税额也比较小。在很多人眼里，交与不交印花税都是无关紧要的事，反正也没有多少钱。但要知道，印花税是现行的 18 个税种之一，不交或少交都是违法的，都会受到法律的惩处。所以，万不可因其小而等闲视之。

根据《财政部 国家税务总局关于企业改制过程中有关印花税政策的通知》（财税〔2003〕183 号）的规定，事业单位改制重组的公司，要设立新的账簿。

（1）对新启用的资金账簿记载的资金或因企业建立资本纽带关系而增加的资金，已征收过印花税的，不再征税；对未征收过印花税的部分和以后新增加的资金，按规定征收印花税。

（2）改制中经评估增加的资金，按规定征收印花税。

（3）企业改制前签订但尚未履行完的各类应税合同，改制后需要变更执行主体的，对仅改变执行主体、其余条款未做变动且改制前已征印花税的，不再征收。因改制签订的产权转移书据，免予贴花。